머리말 P·R·E·F·A·C·E

1. 출제 문제 수: 회계사 1차 시험 5문제

정부회계는 세무사 시험에는 출제되지 않으며, 회계사 시험에만 출제된다. 회계사 1차 시험 회계학 50문제 중 정부회계는 5문제가 출제된다.

2. 정부회계 대비 전략: 5문제 중 3문제만 맞혀도 성공!

정부회계는 2차 시험 범위가 아니므로 회세잼원(재무회계, 세법, 재무관리, 원가관리회계)에 비해서 상대적으로 중요도가 떨어진다. 따라서 수험생 입장에서 정부회계에 시간을 많이 투입하기는 부담스러우며, 5문제를 모두 맞히는 것은 현실적으로 어렵다. 정부회계는 3문제를 맞히는 것을 목표로 하자. 앞선 재무회계 강의에서도 계속 강조했지만, 완벽하게 공부하려면 공부 범위가 굉장히 많이 늘어난다. 범위를 좁게 가져가되, 그 안의 내용을 정확히 숙지하는 방식으로 공부하자.

3. 패턴 회계학: 중요 출제 주제 요약

정부회계는 2013년부터 출제되기 시작하였다. 도입 초기에는 문제가 굉장히 간단하게 출제되다가 최근에는 정부회계의 난이도가 손을 대기 어려울 정도로 어려워졌는데, 이럴 때일수록 풀 문제만 정확하게 골라내서 맞히는 것이 중요하다.

일례로 23년도 정부회계가 굉장히 어렵게 출제되었는데, 5문제 중 1-2문제만 맞혔더라도 충분히 합격할 수 있었다고 생각한다. 명심하라. 이 시험은 상대평가이다. 기존에 출제되지 않았던 신유형의 문제가 출제될 수도 있지만, 겁먹지 말자. 그 문제는 나만 어려운 것이 아니라, 다른 수험생들도 똑같이 어렵다. 이 시험은 맞힐 문제만 정확하게 맞혀주면 붙는다.

패턴 회계학은 5문제를 완벽하게 맞히라고 만든 교재가 아니다. 합격에 필요한 2~3문제를 맞게끔 만들어주는 교재이다. 패턴 회계학에서 시험에 자주 나오는 중요 주제를 간단하게 요약해줄 것이니 패턴 회계학에 있는 내용이라도 잘 알고 가자. 장담컨대 1차 수험생 중 본서에 있는 내용도 잘 모르는 학생이 태반일 것이다.

4. 김용재의 정부회계: 국가회계-지자체회계 비교식 서술

정부회계는 김수석도 수험생 시절에 참 어려워했던 과목이다. 정부회계가 어려웠던 가장 큰 이유는 국가회계와 지자체회계가 굉장히 헷갈리는데도 불구하고 교재가 비교식으로 되어있지 않았다는 점이다. 정부회계는 국가회계기준과 지방자치단체회계기준으로 이루어져있다. 둘은 대부분 비슷하지만, 약간의 차이가 있다. 그리고 이 차이를 많이 물어보기 때문에 수험생은 이를 비교하면서 공부해야 한다.

하지만 둘이 각각 다른 회계기준이기 때문에 시중의 모든 정부회계 교재는 '1부 국가회계기준-2부 지방자치단체회계기준'의 순서로 서술하고 있다. 이는 수험생이 아닌 저자의 편의를 고려한 배치이다. 수험생 입장에서는 국가회계와 지자체회계를 비교하면서 공부해야 하기 때문에 김수석도 수험생 때 공부를 할 때마다 책을 앞, 뒤로 뒤지면서 공부했었고, 이것이 참 불편했었다.

김용재의 정부회계는 저자가 좀 번거롭더라도 수험생들의 편의를 위해서 두 개의 기준을 병렬로 배치해서 모든 내용에 대해서 두 기준을 비교하면서 볼 수 있게 집필하였다. 하나의 내용에 대해 '지자체는 어떻게 하지?'라는 의문이 생기면 책을 한참 넘길 필요 없이, 같은 장에서 찾으면 된다.

목차 C·O·N·T·E·N·T·S

김용재

패턴 회계학

정부
회계

최신개정판

매번 헷갈리는 **국가회계/지자체 회계 비교식 서술!**

회계사 1차 회계학에 **가장 많이 나오는 15개 패턴 수록!**

회계사 시험 **수석 합격**을 만들어준 **획기적인 풀이법 및 꿀팁** 전수!

김 용 재 편저

https://hmstory.kr

1 정부회계의 목적

재무제표는 국가(or 지방자치단체)가 공공회계책임을 적절히 이행하였는지를 평가하는 데 필요한 다음의 정보를 제공하여야 한다.

국가회계	지자체회계
재무보고책임: 국가의 재정상태 및 그 변동과 재정운영결과에 대한 보고	
수익관리책임: 예산과 그 밖에 관련 법규의 준수에 관한 정보	
운영관리책임: 국가사업의 목적을 능률적, 효과적으로 달성하였는지에 관한 정보	**기간간의 형평성**: 당기의 수입이 당기의 서비스를 제공하기에 충분하였는지 또는 미래의 납세자가 과거에 제공된 서비스에 대한 부담을 지게 되는지에 대한 기간간 형평성에 관한 정보

※ 주의 기간간의 형평성은 지자체에만 있음! ★중요!

2 정부회계의 재무제표

비고	국가회계	지자체회계
재무상태표 (B/S)	재정상태표	재정상태표
포괄손익계산서 (I/S)	재정운영표	재정운영표
자본변동표	순자산변동표	순자산변동표
현금흐름표	현금흐름표	현금흐름표
주석	주석	주석
부속서류	N/A	필수보충정보, 부속명세서

‒ 국가회계는 필수보충정보 및 부속명세서 X

일반원칙 및 재무제표의 작성원칙

일반원칙 및 재무제표의 작성원칙은 개념체계와 비슷한 내용이며, 각각 어떤 내용이 있는지 암기할 필요는 없다.

1. 일반원칙

국가 및 지방자치단체의 회계처리는 복식부기·발생주의 방식으로 하며, 다음의 원칙에 따라 이루어져야 한다.

공정한 회계처리	회계처리는 신뢰할 수 있도록 객관적인 자료와 증거에 따라 공정하게 이루어져야 한다.
이해가능성	재무제표의 양식, 과목 및 회계용어는 이해하기 쉽도록 간단명료하게 표시하여야 한다.
충분성	중요한 회계방침, 회계처리기준, 과목 및 금액에 관하여는 그 내용을 재무제표에 충분히 표시하여야 한다.
계속성	회계처리에 관한 기준 및 추정은 기간별 비교가 가능하도록 기간마다 계속하여 적용하고 정당한 사유 없이 변경해서는 아니 된다.
중요성	회계처리와 재무제표 작성을 위한 계정과목과 금액은 그 중요성에 따라 실용적인 방법으로 결정하여야 한다.
실질 반영	회계처리는 거래 사실과 경제적 실질을 반영할 수 있어야 한다.

2. 재무제표의 작성원칙

재무제표는 다음의 원칙에 따라 작성한다.

비교표시	재무제표는 해당 회계연도분과 직전 회계연도분을 비교하는 형식으로 작성한다.
계속성의 원칙	비교하는 형식으로 작성되는 두 회계연도의 재무제표는 계속성의 원칙에 따라 작성하며, 「국가회계법」에 따른 적용 범위, 회계정책 또는 이 규칙 등이 변경된 경우에는 그 내용을 주석으로 공시한다.
중요성	재무제표의 과목은 해당 항목의 중요성에 따라 별도의 과목으로 표시하거나 다른 과목으로 통합하여 표시할 수 있다.
내부거래 상계	재무제표를 통합하여 작성할 경우 내부거래는 상계하여 작성한다.
출납정리기한	출납정리기한 중에 발생하는 거래에 대한 회계처리는 **해당 회계연도**(not 차기 회계연도)에 발생한 거래로 본다.

4 재정상태표 작성기준

1. 총액 표시

자산, 부채 및 순자산은 총액으로 표시한다. 이 경우 자산 항목과 부채 또는 순자산 항목을 상계함으로써 그 전부 또는 일부를 재정상태표에서 제외해서는 아니 된다. (not 상계해도 된다.)

2. 유동성 순서 배열법 강제 (지자체에만 존재)

자산과 부채는 유동성이 높은 항목부터 배열한다.
(↔기업회계: 유동성 순서 배열법과 유동·비유동 배열법 중 선택 적용 가능)

3. 미결산항목의 정리 (지자체에만 존재)

가지급금이나 가수금 등의 미결산항목은 그 내용을 나타내는 적절한 과목으로 표시하고, 비망계정은 재정상태표의 자산 또는 부채항목으로 표시하지 않는다. (not 비망계정을 표시한다.)

5 국가회계의 체계

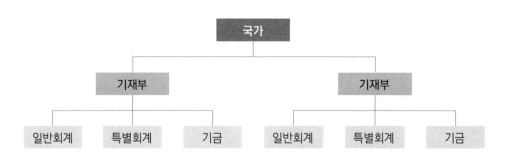

구분	재무제표
3단계: 국가	국가 재무제표
2단계: 중앙관서	기재부, 국방부 등 국가 부처의 재무제표
1단계: 국가회계실체	일반회계, 특별회계, 기금의 재무제표

1. 국가회계실체 (1단계)

구분	일반회계	특별회계		기금
		기타특별	기업특별	
구분	행정형 회계		사업형 회계	

국가회계실체란 일반회계, 특별회계 및 기금으로서 중앙관서별로 구분된 것을 말한다.

(1) 일반회계

일반회계는 조세수입 등을 주요 세입으로 하여 국가의 일반적인 세출에 충당하기 위하여 설치하는 회계로, 국가 고유의 일반적인 재정활동을 담당한다.

(2) 특별회계

특별회계는 국가에서 특정한 사업을 운영하고자 할 때, 특정한 세입으로 특정한 세출에 충당함으로써 일반회계와 구분하여 회계처리할 필요가 있을 때에 법률로써 설치한다. 특별회계는 기업특별회계와 기타특별회계로 나뉜다. 기업특별회계에 무엇이 있는지는 암기할 필요 없다.

기업특별회계	우편사업특별회계, 우체국예금특별회계, 양곡관리특별회계, 조달특별회계
기타특별회계	특별회계 중 기업특별회계에 속하지 않은 나머지 특별회계

(3) 기금

기금은 국가가 특정한 목적을 위하여 특정한 자금을 신축적으로 운용할 필요가 있을 때에 한하여 법률로써 설치하되, 세입세출예산에 의하지 아니하고 운용할 수 있다. 기금은 중앙관서의 장이 관리하는 기금(정부기금)과 중앙관서의 장이 관리하지 않는 기금(민간기금)으로 구분된다.

(4) 사업형 회계 vs 행정형 회계

① 사업형 회계: 기업특별회계, 기금 – 비교환수익을 재정운영표에 기록
  사업형 회계는 독립적으로 수익을 창출하고 비용을 지출하는 회계실체로서, 비교환수익을 재정운영표에 기록한다.
② 행정형 회계: 일반회계, 기타특별회계 – 비교환수익을 순자산변동표에 기록
  행정형 회계는 국가의 일반적인 행정활동을 수행하는 회계실체로서, 비교환수익을 재정운영표에 기록할 수 없다. 대신, 비교환수익은 순자산변동표에 '재원의 조달'로 기록된다.

2. 중앙관서 (2단계)

중앙관서란 기획재정부, 국방부, 보건복지부 등 중앙행정기관을 말한다.

| 6 | 지방자치단체의 회계실체 |

3단계: 통합 회계실체	지방자치단체
2단계: 유형별 회계실체	일반회계, 기타특별회계, 지방공기업특별회계, 기금
1단계: 개별 회계실체	재무제표 작성의 최소 단위: 일반회계, 특별회계, 기금

1. 개별 회계실체: 일반회계 및 특별회계와 기금으로서 재무제표를 작성하는 최소 단위

2. 유형별 회계실체: 개별 회계실체를 그 성격이나 특성에 따라 유형별로 구분한 것

유형별 회계실체는 일반회계 · 기타특별회계 · 기금회계 및 지방공기업특별회계로 구분한다. 국가회계의 기업특별회계가 지자체회계에서는 '지방공'기업특별회계로 대체된 것이다. 국가회계와 마찬가지로 지자체의 회계실체는 일반회계와 기타특별회계를 행정형 회계로, 기금회계 및 지방공기업특별회계를 사업형 회계로 분류한다.

3. 통합 회계실체: 지방자치단체

통합 회계실체란, 유형별 회계실체의 재무제표를 모두 통합하여 재무제표를 작성하는 단위이며, 지방자치단체를 의미한다.

4. 지방자치단체 재무제표의 작성원칙

(1) 개별 회계실체의 재무제표 (1단계): 내부거래 상계 X

개별 회계실체의 재무제표를 작성할 때에는 지방자치단체 안의 다른 개별 회계실체와의 내부거래를 상계하지 아니한다. 이 경우 내부거래는 해당 지방자치단체에 속하지 아니한 다른 회계실체 등과의 거래와 동일한 방식으로 회계처리한다.

(2) 유형별 회계실체의 재무제표 (2단계): 유형별 회계실체 '안'의 내부거래 상계 O

유형별 회계실체의 재무제표를 작성할 때에는 해당 유형에 속한 개별 회계실체의 재무제표를 합산하여 작성한다. 이 경우 유형별 회계실체 안에서의 내부거래는 상계하고 작성한다.

(3) 지방자치단체의 재무제표 (3단계): (모든) 내부거래 상계 O

지방자치단체의 재무제표는 일반회계 · 기타특별회계 · 기금회계 및 지방공기업특별회계의 유형별 재무제표를 통합하여 작성한다. 이 경우 내부거래는 상계하고 작성한다.

 지방자치단체의 재무제표 작성 시 내부거래 제거: 상위 단계 재무제표 작성 시 하위 단계 내부거래 제거!

지방자치단체의 재무제표 (3단계)	(모든) 내부거래 상계 O
유형별 회계실체의 재무제표 (2단계)	유형별 회계실체 '안'의 내부거래 상계 O
개별 회계실체의 재무제표 (1단계)	내부거래 상계 X

내부거래는 '상위 단계 재무제표 작성 시 하위 단계의 내부거래'를 제거하는 것이다. 유형별 회계실체의 재무제표 (2단계) 작성 시에 유형별 회계실체 '안에서의' 내부거래를 제거하는 것이다. 개별 회계실체의 재무제표 (1단계) 작성 시에는 어떠한 내부거래도 상계하지 않는다.

(4) 비교식 작성

재무제표는 당해 회계연도분과 직전 회계연도분을 비교하는 형식으로 작성되어야 한다. 이 경우 비교식으로 작성되는 양 회계연도의 재무제표는 계속성의 원칙에 따라 작성되어야 하며 회계정책과 회계추정의 변경이 발생한 경우에는 그 내용을 주석으로 공시하여야 한다.

예제

1. 다음 중 「지방자치단체 회계기준에 관한 규칙」에 대한 설명으로 옳은 것은?   2016. CPA

① 유형별 회계실체는 「지방재정법」에 따른 일반회계 및 특별회계와 「지방자치단체기금관리기본법」에 따른 기금으로서 재무제표를 작성하는 최소 단위를 말한다.

② 재무보고는 당기의 수입이 당기의 서비스를 제공하기에 충분하였는지에 관한 정보는 제공하지만, 미래의 납세자가 과거에 제공된 서비스에 대한 부담을 지게 되는지에 대한 기간간 형평성에 관한 정보는 제공하지 못한다.

③ 개별 회계실체의 재무제표를 작성할 때에는 지방자치단체 안의 다른 개별 회계실체와의 내부거래를 상계한다.

④ 재무제표는 지방자치단체의 재정상황을 표시하는 중요한 요소로서 재정상태표, 재정운영표, 현금흐름표, 순자산변동표, 주석으로 구성되며, 재무제표의 부속서류는 필수보충정보와 부속명세서로 한다.

⑤ 지방자치단체의 재무제표는 일반회계 · 기타특별회계 · 기금회계의 유형별 재무제표를 통합하여 작성하며, 지방공기업특별회계는 포함하지 아니한다.

2. 다음 중 「지방자치단체 회계기준에 관한 규칙」에서 설명하는 재무제표 작성기준으로 옳지 않은 것은?

① 유형별 회계실체 재무제표는 개별 회계실체의 재무제표를 합산하여 작성하며 유형별 회계실체 안에서의 내부거래는 상계하고 작성한다.

② 장기 선수수익은 대가의 수익은 이루어졌으나 수익의 귀속시기가 차기 이후인 수익을 말하며, 기타비유동부채로 표시한다.

③ 비망계정은 어떤 경제활동의 발생을 기억하기 위해 기록하는 계정을 말하며, 자산 또는 부채로 표시할 수 있다.

④ 우발상황은 미래에 어떤 사건이 발생하거나 발생하지 아니함으로 인하여 궁극적으로 확정될 손실 또는 이익으로서 발생여부가 불확실한 현재의 상태 또는 상황을 말하며, 재정상태표 보고일 현재 우발손실의 발생이 확실하고 그 손실금액을 합리적으로 추정할 수 있는 경우에는 재무제표에 반영하고 주식으로 표시한다.

⑤ 사회기반시설은 초기에 대규모 투자가 필요하고 파급효과가 장기간에 걸쳐 나타나는 지역사회의 기반적인 자산을 말하며, 사회기반시설에 대한 사용수익권은 해당 자산의 차감항목으로 표시한다.

🕐 **해설**

1.

① 개별 회계실체는 「지방재정법」에 따른 일반회계 및 특별회계와 「지방자치단체 기금관리기본법」에 따른 기금으로서 재무제표를 작성하는 최소 단위를 말한다.

② 지방자치단체회계기준의 재무보고는 기간간 형평성에 관한 정보를 제공한다.

③ 개별 회계실체의 재무제표를 작성할 때에는 지방자치단체 안의 다른 개별 회계실체와의 내부거래를 상계하지 아니한다.

⑤ 지방자치단체의 재무제표는 일반회계 · 기타특별회계 · 기금회계 및 지방공기업특별회계의 유형별 재무제표를 통합하여 작성한다.

답 ④

2.

비망계정은 재정상태표의 자산 또는 부채항목으로 표시하지 아니한다.

답 ③

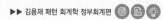 ▶▶ 김용재 패턴 회계학 정부회계편

1   재정상태표의 구성요소

재정상태표는 재정상태표일 현재의 자산과 부채의 명세 및 상호관계 등 재정상태를 나타내는 재무제표로서 자산, 부채 및 순자산으로 구성된다.

1. 자산의 정의: 공공서비스 (잠재력) or 경제적 효익

자산은 과거의 거래나 사건의 결과로 현재 국가회계실체가 소유(실질적으로 소유하는 경우를 포함한다) 또는 통제하고 있는 자원으로서, 미래에 공공서비스를 제공할 수 있거나 직접 또는 간접적으로 경제적 효익을 창출하거나 창출에 기여할 것으로 기대되는 자원을 말한다.

2. 부채 (국가=지자체)

부채는 과거의 거래나 사건의 결과로 국가회계실체가 부담하는 의무로서, 그 이행을 위하여 미래에 자원의 유출 또는 사용이 예상되는 현재의 의무를 말한다.

3. 순자산 (국가=지자체): 자산에서 부채를 차감한 금액

2   자산, 부채의 인식기준

	국가회계: '매우 높고'	지자체회계: '거의 확실'
자산	자산은 공용 또는 공공용으로 사용되는 등 공공서비스를 제공할 수 있거나 직접적 또는 간접적으로 경제적 효익을 창출하거나 창출에 기여할 가능성이 매우 높고 그 가액을 신뢰성 있게 측정할 수 있을 때에 인식한다.	
부채	부채는 국가회계실체가 부담하는 현재의 의무 중 향후 그 이행을 위하여 지출이 발생할 가능성이 매우 높고 그 금액을 신뢰성 있게 측정할 수 있을 때 인식한다.	부채는 회계실체가 부담하는 현재의 의무를 이행하기 위하여 경제적 효익이 유출될 것이 거의 확실하고 그 금액을 신뢰성 있게 측정할 수 있을 때에 인식한다.

 − 재무회계는 미래 경제적효익의 유출입가능성이 낮더라도 자산, 부채를 인식할 수 있지만 정부회계는 '매우 높고', '거의 확실'해야 인식할 수 있다.

3 국가회계와 지자체회계의 재정상태표 비교

	국가회계(3/3/3)		지자체회계(6/3/3)
자산	1. 금융자산		1. 유동자산 2. 투자자산
	2. 유·무형자산	일반유형자산	3. 일반유형자산
		사회기반시설	4. 사회기반시설
		무형자산	5. 주민편의시설
	3. 기타 자산		6. 기타 비유동자산
부채	1. 차입부채 2. 충당부채 3. 기타 부채		1. 유동부채 2. 장기차입부채 3. 기타비유동부채
순자산	1. 기본순자산 2. 적립금 및 잉여금 3. 순자산조정		1. 고정순자산 2. 특정순자산 3. 일반순자산

— 자산의 분류: 국가 3개, 지자체 6개
— 국가: 주민편의시설 X (국민편의시설 없음!)
— 지자체: 무형자산 X (기타 비유동자산에 포함)

1. 국가의 자산 분류

국가회계는 자산을 금융자산, 유·무형자산 및 기타 자산으로 구분하여 재정상태표에 표시한다.

구분		정의	사례
금융자산		현금 또는 현금을 수취하거나 유리한 조건으로 자산을 교환할 수 있는 계약상의 권리인 자산	현금 및 현금성자산, 금융상품, 투자증권, 정부출자금, 대여금, 미수채권, 기타 금융자산
유·무형자산	일반유형자산	일반유형자산이란 고유한 행정활동에 1년을 초과하여 사용할 목적으로 취득한 자산	토지, 건물, 구축물, 기계장치, 차량운반구
	사회기반시설	국가의 기반을 형성하기 위해 대규모로 투자하여 건설하고 그 경제적 효과가 장기간에 걸쳐 나타나는 자산	도로, 철도, 항만, 댐, 공항, 하천, 상수도
	무형자산	물리적 실체는 없으나 일정 기간 독점적·배타적으로 이용할 수 있는 권리인 자산	산업재산권, 광업권, 소프트웨어, 기타 무형자산
기타 자산		금융자산과 유·무형자산에 해당하지 않는 자산	

2. 지자체의 자산 분류

지자체회계는 자산을 유동자산, 투자자산, 일반유형자산, 주민편의시설, 사회기반시설 및 기타 비유동자산으로 분류한다.

구분	정의	사례
유동자산	회계연도 종료 후 1년 내에 현금화가 가능하거나 실현될 것으로 예상되는 자산	현금 및 현금성 자산, 단기금융상품, 미수세금, 미수세외수입금
투자자산	회계실체가 투자하거나 권리행사 등의 목적으로 보유하고 있는 비유동자산	장기금융상품, 장기융자금, 장기투자증권
일반유형자산	공공서비스의 제공을 위하여 1년 이상 반복적 또는 계속적으로 사용되는 자산	토지, 건물, 입목
주민편의시설	주민의 편의를 위하여 1년 이상 반복적 또는 계속적으로 사용되는 자산	도서관, 주차장, 공원, 박물관 및 미술관
사회기반시설	사회기반시설은 초기에 대규모 투자가 필요하고 파급효과가 장기간에 걸쳐 나타나는 지역사회의 기반적인 자산	도로, 도시철도, 상수도시설, 수질정화시설, 하천부속시설
기타비유동자산	기타비유동자산은 유동자산, 투자자산, 일반유형자산, 주민편의시설, 사회기반시설에 속하지 아니하는 자산	보증금, 무형자산

> **주의** ⚠ 일반유형자산 vs 사회기반시설 vs 주민편의시설: 사용 주체를 기준으로 구분

	일반유형자산	사회기반시설	주민편의시설 (국가 B/S X)
사용 주체	정부가 사용	같이 사용 (대규모 인프라)	주민이 사용 (소규모 시설)

3. 국가의 부채 분류

국가회계는 부채를 차입부채, 충당부채 및 기타 부채로 구분하여 재정상태표에 표시한다.

구분	정의	사례
차입부채	금융자산을 지급하거나 불리한 조건으로 금융자산을 교환해야 하는 부채	국채, 차입금, 국고채무부담행위액[1] 및 기타 차입부채
충당부채	지출시기 또는 지출금액이 불확실한 부채	연금충당부채, 퇴직수당충당부채, 보증충당부채, 보험충당부채 및 기타 충당부채
기타 부채	차입부채와 충당부채에 해당하지 않는 부채	

[1]예산확보 없이 국가가 미리 채무를 부담하는 행위 (예상되는 지출을 부채로 인식)

4. 지자체의 부채 분류

지자체회계는 부채를 유동부채, 장기차입부채 및 기타비유동부채로 분류한다. 지자체회계에는 국가회계와 달리 부채의 분류에 충당부채가 제외된다는 점을 주의하자.

구분	정의	사례
유동부채	회계연도 종료 후 1년 이내에 상환되어야 하는 부채	단기차입금, 유동성 장기차입부채
장기차입부채	회계연도 종료 후 1년 이후에 만기가 되는 차입부채	장기차입금, 지방채증권
기타비유동부채	유동부채와 장기차입부채에 속하지 아니하는 부채	퇴직급여충당부채, 장기예수보증금, 장기선수수익

4 유산자산과 국가안보자산 ★중요!

1. 유산자산(=지자체 '관리책임자산'): 자산 X, 주석 or 필수보충정보 ★중요!

현재 세대와 미래 세대를 위하여 정부가 영구히 보존하여야 할 자산으로서 역사적, 자연적, 문화적, 교육적 및 예술적으로 중요한 가치를 갖는 자산(유산자산)은 자산으로 인식하지 아니하고 그 종류와 현황 등을 주석으로 공시한다.

한편, 지자체의 유산자산은 '관리책임자산'이라고 부른다. 문화재, 예술작품, 역사적 문건 및 자연자원은 자산으로 인식하지 아니하고 필수보충정보의 관리책임자산으로 보고한다.

 유산자산 및 관리책임자산을 자산으로 인식하지 않는 이유: 측정 불가!

ex〉광화문의 장부금액은 얼마?

2. 국가안보자산: 자산 X, 별도의 장부

국가안보와 관련된 자산, 부채는 기획재정부장관과 협의하여 자산으로 인식하지 아니할 수 있다. 이 경우 해당 중앙관서의 장은 해당 자산의 종류, 취득시기 및 관리현황 등을 별도의 장부에 기록하여야 한다.

 유산자산 vs 국가안보자산

	유산자산(=관리책임자산)	국가안보자산
재정상태표	자산 X (신뢰성 있는 측정 불가)	자산으로 인식하지 '않을 수' 있음 (선택)
공시	주석(국가) / 필수보충정보(지자체)	별도 장부에 기록 (외부에 공시 X)

국가안보자산은 '적에게 숨기기 위해서' 자산으로 인식하지 않을 수 있도록 예외 규정을 둔 것이다. 자산으로 인식하지 않고 필수보충정보로 공시하면 예외 규정의 실익이 없어진다.

예제

1. 다음 중 「국가회계기준에 관한 규칙」에서 정하는 재정상태표에 관한 설명으로 옳지 않은 것은?
2012. CPA 수정

① 현재 세대와 미래 세대를 위하여 정부가 영구히 보존하여야 할 자산으로서 역사적, 자연적, 문화적, 교육적 및 예술적으로 중요한 가치를 갖는 자산(유산자산)은 자산으로 인식하지 아니하고 그 종류와 현황 등을 주석으로 공시한다.

② 국가안보와 관련된 자산은 기획재정부장관과 협의하여 자산으로 인식하지 아니할 수 있다.

③ 일반유형자산이란 국가의 기반을 형성하기 위해 대규모로 투자하여 건설하고 그 경제적 효과가 장기간에 걸쳐 나타나는 자산을 말한다.

④ 차입부채는 금융자산을 지급하거나 불리한 조건으로 금융자산을 교환해야 하는 부채로서 국채, 차입금, 국고채무부담행위액 및 기타 차입부채를 말한다.

⑤ 순자산은 자산에서 부채를 뺀 금액을 말하며, 기본순자산, 적립금 및 잉여금, 순자산조정으로 구분한다.

2. 다음 중 「국가회계기준에 관한 규칙」에 대한 설명으로 옳은 것은? 2018. CPA

① 국가회계실체란 「국가재정법」에 따른 일반회계, 특별회계 및 기금으로서 개별 회계실체, 유형별 회계실체 및 통합 회계실체로 구분된다.

② 재무제표는 국가가 공공회계책임을 적절히 이행하였는지를 평가하는 데 필요한, 당기의 수입이 당기의 서비스를 제공하기에 충분하였는지 또는 미래의 납세자가 과거에 제공된 서비스에 대한 부담을 지게 되는지에 대한 기간간 형평성에 관한 정보를 제공하여야 한다.

③ 재무제표의 양식, 과목 및 회계용어는 이해하기 쉽도록 간단명료하게 표시하여야 하므로, 자산 항목과 부채 또는 순자산 항목을 상계하여 간결하게 표시하여야 한다.

④ 자산은 유동자산, 투자자산, 일반유형자산, 국민편의시설, 사회기반시설 및 기타 비유동자산으로 구분하여 재정상태표에 표시한다.

⑤ 자산은 공용 또는 공공용으로 사용되는 등 공공서비스를 제공할 수 있거나 직집적 또는 간접적으로 경제적 효익을 창출하거나 창출에 기여할 가능성이 매우 높고 그 가액을 신뢰성 있게 측정할 수 있을 때에 인식한다.

해설

1.
사회기반시설이란 국가의 기반을 형성하기 위해 대규모로 투자하여 건설하고 그 경제적 효과가 장기간에 걸쳐 나타나는 자산을 말한다.

답 ③

2.
① 국가회계실체란 「국가재정법」에 따른 일반회계, 특별회계 및 기금을 말한다. 개별 회계실체, 유형별 회계실체 및 통합 회계실체로 구분하는 것은 지자체이다.
② 기간간 형평성은 지자체회계의 목적이다.
③ 자산 항목과 부채 또는 순자산 항목을 상계해서는 안된다.
④ 국민편의시설이라는 자산은 없으며, 국가회계의 자산은 금융자산, 유·무형자산 및 기타 자산으로 구분하여 재정상태표에 표시한다.

답 ⑤

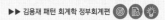
국가회계: 기적순		지자체회계: 고특일	
기본순자산 (잔여액)	순자산 − 적립금 및 잉여금 − 순자산조정	일반순자산 (잔여액)	순자산 − 고정순자산 − 특정순자산
적립금 및 잉여금	이익잉여금	고정순자산	고정자산 투자액 − 관련 부채
순자산조정	OCI	특정순자산	재원의 목적이 **특정**된 순자산

1. 국가회계

순자산은 자산에서 부채를 뺀 금액을 말하며, 기본순자산, 적립금 및 잉여금, 순자산조정으로 구분한다.

(1) 기본순자산

기본순자산은 순자산에서 적립금 및 잉여금과 순자산조정을 뺀 금액으로 표시한다.

(2) 적립금 및 잉여금

적립금 및 잉여금은 임의적립금, 전기이월결손금·잉여금, 재정운영결과 등을 표시한다. 기업회계에서 이익잉여금의 역할을 수행한다고 이해하면 된다. 당기순손실에 해당하는 재정운영결과의 누적액이며, 적립금 등으로 구분된다.

(3) 순자산조정

순자산조정은 투자증권평가손익, 자산재평가이익, 보험수리적손익 및 기타 순자산의 증감 등을 표시한다. 기업회계에서 기타포괄손익(OCI)의 역할을 수행한다고 보면 된다. 정부회계의 조정항목과 기업회계의 OCI를 다음과 같이 비교할 수 있다.

정부회계−순자산조정	기업회계−OCI
자산재평가이익	재평가잉여금
투자증권평가손익	FVOCI 금융자산 평가손익(지, 채)
보험수리적 손익	재측정요소: 확정급여제도의 보험수리적 손익
기타 순자산의 증감	N/A

2. 지자체회계: 순자산조정(OCI) 없음!

순자산은 지방자치단체의 기능과 용도를 기준으로 고정순자산, 특정순자산 및 일반순자산으로
분류한다. 지자체의 경우 투자증권 및 유형자산 등에 대한 공정가치 평가 규정이 없으므로 OCI
역할을 하는 순자산조정이 없다는 점이 국가회계와 대비된다.

(1) 고정순자산

고정순자산은 일반유형자산, 주민편의시설, 사회기반시설 및 무형자산의 투자액에서 그 시설의
투자재원을 마련할 목적으로 조달한 장기차입금 및 지방채증권 등을 뺀 금액으로 한다.

(2) 특정순자산

특정순자산은 채무상환 목적이나 적립성기금의 원금과 같이 그 사용목적이 특정되어 있는 재원
과 관련된 순자산을 말한다.

(3) 일반순자산

일반순자산은 고정순자산과 특정순자산을 제외한 나머지 금액을 말한다. 국가회계의 기본순자산
에 대응되는 잔여액 개념이지만 명칭이 다르다는 점을 기억하자.

예제

1. 다음 중 「지방자치단체 회계기준에 관한 규칙」에 대한 설명으로 <u>옳지 않은</u> 것은? 2018. CPA **심화**

① 순자산은 지방자치단체의 기능과 용도를 기준으로 고정순자산, 특정순자산 및 일반 순자산으로 분류한다.

② 고정순자산은 일반유형자산, 주민편의시설, 사회기반시설 및 무형자산의 투자액에서 그 시설의 투자재원을 마련할 목적으로 조달한 장기차입금 및 지방세 징수액을 뺀 금액으로 한다.

③ 특정순자산은 채무상환 목적이나 적립성 기금의 원금과 같이 그 사용목적이 특정되어 있는 재원과 관련된 순자산을 말한다.

④ 일반수익은 재원조달의 원천에 따라 자체조달수익, 정부간이전수익, 기타수익으로 구분한다.

⑤ 재정상태표 보고일 이후 발생한 사건은 회계연도의 말일인 재정상태표 보고일과 「지방회계법」에 따른 출납사무 완결기한 사이에 발생한 사건으로서 재정상태표 보고일 현재 존재하였던 상황에 대한 추가적 증거를 제공하는 사건을 말한다.

2. 다음의 자료를 이용하여 지방자치단체의 재정상태보고서에 표시될 순자산항목의 금액을 올바르게 표시한 것은? 2014. CPA

• 자산총계	₩ 1,900,000
• 부채총계	1,000,000
• 일반유형자산, 주민편의시설, 사회기반시설투자액	900,000
• 무형자산투자액	200,000
• 일반유형자산 등의 투자재원을 위해 조달된 차입금	450,000
• 적립성기금의 원금	150,000

	고정순자산	특정순자산	일반순자산
①	₩ 650,000	₩ 50,000	₩ 200,000
②	₩ 450,000	₩ 150,000	₩ 300,000
③	₩ 650,000	₩ 150,000	₩ 100,000
④	₩ 650,000	₩ 0	₩ 250,000
⑤	₩ 450,000	₩ 0	₩ 450,000

🕛 해설

1.

고정순자산은 일반유형자산, 주민편의시설, 사회기반시설 및 무형자산의 투자액에서 그 시설의 투자재원을 마련할 목적으로 조달한 장기차입금 및 지방채증권 등을 뺀 금액으로 하며, 지방세 징수액을 차감하지 않는다.

답 ②

2.

(1) 순자산: $1,900,000 - 1,000,000 = 900,000$

　① 고정순자산: $900,000 + 200,000 - 450,000 = 650,000$

　② 특정순자산: $150,000$ (적립성기금의 원금)

　③ 일반순자산: $900,000$(순자산) $- 650,000$(고정) $- 150,000$(특정) $= 100,000$

답 ③

수익과 비용의 인식기준

1. 수익의 구분

(1) 교환수익: 재화나 용역을 제공한 대가로 발생하는 수익

(2) 비교환수익: 직접적인 반대급부 없이 발생하는 수익

EX〉 국세, 부담금, 기부금, 무상이전 및 제재금 등

2. 수익의 인식기준

(1) 교환수익 vs 비교환수익

교환수익	수익창출활동이 끝나고 그 금액을 합리적으로 측정할 수 있을 때
비교환수익	수익에 대한 **청구권이 발생**하고 그 금액을 합리적으로 측정할 수 있을 때

교환수익은 대가성이 있으므로 수익창출활동이 있지만, 비교환수익은 대가성이 없으므로 별도 활동 없이 저절로 청구권이 발생한다고 기억하자.

(2) 비교환수익의 유형별 수익 인식기준: 발생주의 ★중요!

비교환수익은 현금이 납부된 만큼이 아니라 '청구권이 발생할 때', '납부할 세액 전체'를 수익으로 인식한다. 현금주의가 아닌 발생주의를 따른다고 기억하자.

신고·납부하는 방식의 국세	납세의무자가 세액을 자진신고할 때	(not 국가가 수납할 때)
정부가 부과하는 방식의 국세	국가가 고지하는 때	
원천징수하는 국세	원천징수의무자가 원천징수한 금액을 신고·납부할 때 (not 원천징수의무자가 원천징수할 때)	
연부연납(年賦延納) 또는 분납	징수할 세금이 확정된 때에 그 납부할 세액 전체 (not 납부하는 금액만)	
부담금수익, 기부금수익, 무상이전수입, 제재금수익	청구권 등이 확정된 때에 그 확정된 금액 (= 비교환수익의 원칙)	
(예외) 벌금, 과료, 범칙금 또는 몰수품으로서 그 금액을 확정하기 어려운 경우	벌금, 과료 또는 범칙금이 납부되거나 몰수품이 처분된 때	

마지막 유형은 몰수품 등을 몰수하더라도 몰수 시점에 그 금액을 합리적으로 측정할 수 없으므로 실제 처분된 때에 수익으로 인식할 수 있도록 예외 규정을 둔 것이다.

3. 지자체회계의 수익과 비용

(1) 수익과 비용의 정의: 관리전환 및 기부채납 제외 ⭐중요!

수익은 순자산의 증가를, 비용은 순자산의 감소를 말한다. 이때, 회계 간의 재산 이관, 물품 소관의 전환, 기부채납 등으로 생긴 순자산의 증감은 재정운영표의 수익 및 비용에 포함하지 않고, 재정상태표의 순자산에 직접 포함시키며, 순자산변동표에 순자산의 증감으로 그 내역을 표시한다.

(2) 일반수익의 종류

일반수익이란, 지자체회계의 비교환수익을 말한다. 일반수익은 재원조달의 원천에 따라 다음의 세 가지로 구분한다. 각 사례가 어느 수익에 해당하는지 외우면 제일 좋지만, 최소한 '아래 수익들이 일반수익이라는 것'은 알아두자.

구분	정의	사례
자체조달수익	지방자체단체가 독자적인 권한과 징수를 통하여 조달한 수익	지방세수익, 경상세외수익, 임시세외수익
정부간이전수익	회계실체가 국가 또는 다른 지자체로부터 이전받은 수익	지방교부세수익, 보조금수익
기타수익	자체조달수익과 정부간이전수익으로 열거되지 않은 수익	전입금수익, 기부금수익

예제

1. 국가 및 지방자치단체의 수익인식기준에 관한 옳지 않은 설명은? 2017. CPA

① 신고·납부하는 방식의 국세는 납세의무자가 세액을 자진신고하는 때에 신고한 금액을 수익으로 인식한다.

② 세법상 원천징수하는 국세의 경우에 원천징수의무자가 소득금액 또는 수입금액을 지급하는 때에 납세의무가 성립되고 확정되기 때문에 원천징수의무자가 소득금액 또는 수입금액을 지급하는 때에 수익을 인식한다.

③ 세법상 국가가 부과하는 방식의 국세는 고지서가 납세의무자에게 도달하는 시점에서 납세의무가 확정되지만, 국가가 고지하는 때에 고지하는 금액을 수익으로 인식한다.

④ 신고납부방식의 지방세수익은 해당 수익에 대한 청구권이 발생하고 그 금액을 합리적으로 측정할 수 있을 때에 수익을 인식한다.

⑤ 국가가 법령 등을 위반한 자에게 부과하는 벌금, 과료, 범칙금 또는 몰수품으로서 청구권이 확정된 때나 몰수품을 몰수한 때에 그 금액을 확정하기 어려운 경우에는 납부 또는 처분시점에서 수익을 인식할 수 있다.

2. 「지방자치단체 회계기준에 관한 규칙」상 수익과 비용의 정의 및 인식기준에 대한 설명으로 옳지 않은 것은?

① 수익은 자산의 증가 또는 부채의 감소를 초래하는 회계연도 동안의 거래로 생긴 순자산의 증가를 말한다.

② 회계 간의 재산 이관 및 물품 소관의 전환, 기부채납 등으로 생긴 순자산의 감소는 비용에 포함한다.

③ 회계실체가 국가 또는 다른 지자체로부터 이전받은 수익은 정부간이전수익으로 분류한다.

④ 교환수익은 수익창출활동이 끝나고 그 금액을 합리적으로 측정할 수 있을 때 인식한다.

⑤ 비교환거래에 의한 비용은 직접적인 반대급부 없이 발생하는 보조금, 기부금 등으로서 가치의 이전에 대한 의무가 존재하고 그 금액을 합리적으로 측정할 수 있을 때에 인식한다.

해설

1.

② 원천징수하는 국세는 원천징수의무자가 신고·납부하는 때에 원천징수한 금액을 수익으로 인식한다. (X)

④ 지방세수익은 일반수익(= 비교환수익)에 해당하므로, 청구권이 발생하고 합리적으로 측정할 수 있을 때에 수익을 인식한다. (O)

답 ②

2.

회계 간의 재산 이관 및 물품 소관의 전환, 기부채납 등으로 생긴 순자산의 감소는 비용에 포함하지 아니한다.

답 ②

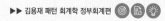
기업회계	중앙관서 및 기금	국가
기능별	프로그램별 재정운영표	분야별 재정운영표
성격별	성질별 재정운영표	

1 중앙관서 및 기금의 프로그램별 재정운영표

■ 국가회계기준에 관한 규칙 [별지 제2호서식] 〈개정 2024. 7. 31.〉

프로그램별 재정운영표

당기: 20XY년 1월 1일부터 20XY년 12월 31일까지
전기: 20XX년 1월 1일부터 20XX년 12월 31일까지

OO부처, OO기금   (단위:)

	주석	20XY			20XX		
		총원가	수익	순원가	총원가	수익	순원가
I. 프로그램순원가	X	XXX	(XXX)	XXX	XXX	(XXX)	XXX
1. 프로그램(A)		XXX	(XXX)	XXX	XXX	(XXX)	XXX
2. 프로그램(B)		XXX	(XXX)	XXX	XXX	(XXX)	XXX
3. 프로그램(C)		XXX	(XXX)	XXX	XXX	(XXX)	XXX
4. 프로그램(D)		XXX	(XXX)	XXX	XXX	(XXX)	XXX
5. …		XXX	(XXX)	XXX	XXX	(XXX)	XXX
II. 관리운영비	X			XXX			XXX
III. 비배분비용	X			XXX			XXX

Ⅳ. 비배분수익	X	XXX	XXX
Ⅴ. 재정운영순원가 (Ⅰ + Ⅱ + Ⅲ − Ⅳ)		XXX	XXX
Ⅵ. 비교환수익 등		XXX	XXX
1. 사회보험수익	X	XXX	XXX
2. 부담금수익	X	XXX	XXX
3. 제재금수익	X	XXX	XXX
4. 기타 이전수익 등	X	XXX	XXX
Ⅶ. 재정운영결과 (Ⅴ − Ⅵ)		XXX	XXX

중앙관서 또는 기금의 재정운영표는 프로그램별 재정운영표와 성질별 재정운영표로 구분하여 작성한다. 프로그램별 재정운영표는 다음과 같이 표시한다.

프로그램총원가[1] (−) 프로그램수익	프로그램의 수행과정에서 발생한 수익
프로그램순원가	
(+) 관리운영비 (+) 비배분비용 (−) 비배분수익	프로그램 수행을 지원하는 비용 프로그램에 직접 대응하기 어려운 비용 프로그램에 직접 대응하기 어려운 수익
재정운영순원가	
(−) 비교환수익	직접적인 반대급부 없이 발생하는 수익
재정운영결과	

[1] 프로그램총원가 = 프로그램을 수행하기 위해 투입한 원가 합계 + 다른 프로그램으로부터 배부받은 원가 − 다른 프로그램에 배부한 원가

1. 재정운영표의 구조

비용 − 수익 = 순원가 (↔기업회계의 포괄손익계산서: 수익 − 비용 = 이익)

2. 재정운영순원가

> 재정운영순원가 = 프로그램순원가 + 관리운영비 + 비배분비용 − 비배분수익

3. 재정운영결과 ⭐️중요!

> **사업형 회계:** 재정운영결과 = 재정운영순원가 − 비교환수익
> **행정형 회계:** 재정운영결과 = 재정운영순원가

(1) 비교환수익

: 직접적인 반대급부 없이 발생하는 수익

(2) 행정형 회계

: 비교환수익은 순자산변동표의 재원의 조달 및 이전란에 표시 (not 재정운영표에 표시)

4. 수익, 비용의 계정 사례 ⭐️중요!

구분	정의	사례
관리운영비	로그램의 운영에 직접적으로 소요되지는 않으나 국가회계실체의 기본적인 기능수행 및 특정 프로그램의 행정운영과 관련된 인건비와 경비	인건비: 급여 및 퇴직급여 경비: 복리후생비, 소모품비, 인쇄비, 광고선전비, 지급수수료, 수선유지비, 업무추진비 등
비배분비용	국가회계실체에서 발생한 비용 중 프로그램에 대응되지 않는 비용	유형자산처분손실, 이자비용, 자산감액손실 등
비배분수익	국가회계실체에서 발생한 수익 중 프로그램에 대응되지 않는 수익	유형자산처분이익, 이자수익
비교환수익	직접적인 반대급부 없이 발생하는 수익	국세수익, 부담금수익, 제재금수익, 사회보험수익, 무상이전수입

 프로그램수익 vs 비배분수익 vs 비교환수익

문제에서 '비교환수익 ₩10,000'으로 제시하는 것이 아니라, '부담금수익 ₩10,000'과 같이 계정과목으로 언급하기도 하므로, 각 계정이 어느 손익에 해당하는지 구분할 수 있어야 한다. 그런데 위 표에 나열된 사례는 전부가 아닌 일부이므로, 위 표에 없는 계정이 등장할 수 있다. 관리운영비와 비배분비용은 어차피 둘 다 재정운영순원가에 반영되므로 잘못 구분해도 상관이 없으나, 프로그램수익, 비배분수익, 비교환수익은 각각 반영되는 순원가가 다르므로 정확하게 구분해야 한다. 세 가지 수익은 다음과 같이 구분하자.

대가성이 있는 수익	프로그램수익
대가성이 없는 수익	비교환수익
영업외이익	비배분수익

프로그램수익은 교환수익이므로 대가성이 있다. 재화나 서비스를 제공하는 대가로 받는 수익은 프로그램수익으로 구분하자. 반면, 비교환수익은 대가성이 없다. 정부나 지자체라는 특수한 지위로 인해서 '그냥' 받는 것이다. 세금, 부담금, 제재금 등은 기업회계에는 없는 특수한 수익이다. '기업회계에서 본 적 없는 공짜 수익'은 비교환수익으로 보자.

마지막으로, 비배분수익은 기업회계의 영업외이익에 대응된다. 대표적인 예로 유형자산처분이익과 이자수익이 있다.

5. 무상이전수입, 무상이전지출: 국고금회계를 제외한 회계실체 간의 거래 (⊂비교환수익)

	재무제표	표시 위치
행정형 회계	순자산변동표	'재원의 조달 및 이전'란
사업형 회계	재정운영표	비교환수익 등

2 중앙관서 및 기금의 성질별 재정운영표

■ 국가회계기준에 관한 규칙 [별지 제3호서식] 〈개정 2024. 7. 31.〉

성질별 재정운영표

당기: 20XY년 1월 1일부터 20XY년 12월 31일까지
전기: 20XX년 1월 1일부터 20XX년 12월 31일까지

OO부처, OO기금 (단위:)

	주석	20XY	20XX
수익(I + II)		XXX	XXX
I . 이전수익		XXX	XXX
1. 사회보험수익	X	XXX	XXX
2. 부담금수익	X	XXX	XXX
3. 제재금수익	X	XXX	XXX
4. 기타 이전수익	X	XXX	XXX
II . 국가운영수익		XXX	XXX
1. 재화 및 용역제공수익	X	XXX	XXX
2. 연금수익	X	XXX	XXX
3. 이자수익	X	XXX	XXX
4. 배당수익	X	XXX	XXX
5. 자산처분이익	X	XXX	XXX
6. 자산평가이익	X	XXX	XXX
7. 기타 국가운영수익	X	XXX	XXX
비용(III + IV)		XXX	XXX
III. 이전비용		XXX	XXX
1. 국고보조사업비	X	XXX	XXX

2. 출연사업비	X	XXX	XXX
3. 사회보험비용	X	XXX	XXX
4. 지방교부금	X	XXX	XXX
5. 기타 이전비용	X	XXX	XXX
Ⅳ. 국가운영비용		XXX	XXX
1. 재화 및 용역제공원가	X	XXX	XXX
2. 연금비용	X	XXX	XXX
3. 인건비	X	XXX	XXX
4. 이자비용	X	XXX	XXX
5. 운영비	X	XXX	XXX
6. 감가상각비	X	XXX	XXX
7. 자산평가손실	X	XXX	XXX
8. 기타 국가운영비용	X	XXX	XXX
재정운영결과 (비용 − 수익)		XXX	XXX

성질별 재정운영표는 기업회계의 '성격별 포괄손익계산서'에 대응되는 재무제표이다. 정부회계에서는 성'질'별이라고 부르니, 주의하자. 성질별 재정운영표는 다음 각 호와 같이 구분하여 표시한다.

1. 수익: 이전수익 + 국가운영수익
2. 비용: 이전비용 + 국가운영비용
 − 이전수익/비용은 비교환손익을, 국가운영수익/비용은 교환손익을 의미한다.
3. 재정운영결과: 비용 − 수익

 프로그램별 재정운영표 vs 성질별 재정운영표

	프로그램별 재정운영표	성질별 재정운영표
재정운영순원가	표시 O	표시 X
재정운영결과	재정운영순원가 − 비교환수익	비용 − 수익

예제

1. 다음은 "항만운영프로그램"을 수행하고 있는 중앙부처 A기금의 20X1년도 자료이다. A기금은 「국가회계법」 제13조 제2항에 해당하는 중앙관서의 장이 관리하지 않는 기금이다.

- 20X1년중에 과태료 ₩100,000을 부과하였고, 이 중 ₩80,000이 납부되었다.
- 20X1년중에 청구권이 확정된 부담금수익 ₩50,000 중 ₩40,000이 납부되었다.
- 20X1년중 투자목적 단기투자증권을 ₩65,000에 취득하였으며, 20X1년말 현재 활성화된 시장에서 이 증권의 공정가액은 ₩70,000이다.
- 20X1년중에 항만사용료수익 ₩30,000이 발생·납부(사용 즉시 대금 수취 방식)되었다.

상기 자료의 내용이 중앙부처 A기금의 20X1년도 프로그램별 재정운영표상 재정운영순원가와 재정운영결과에 미치는 영향은 얼마인가?

2012. CPA

	재정운영순원가	재정운영결과
①	₩5,000 감소	₩165,000 감소
②	₩5,000 감소	₩185,000 감소
③	₩30,000 감소	₩180,000 감소
④	₩30,000 감소	₩160,000 감소
⑤	₩135,000 감소	₩185,000 감소

🕐 해설

1.

	A기금
프로그램총원가 (−) 프로그램수익	(30,000)
프로그램순원가 (＋) 관리운영비 (＋) 비배분비용 (−) 비배분수익	(30,000)
재정운영순원가 (−) 비교환수익	(30,000) (150,000)
재정운영결과	(180,000)

(1) 항만사용료수익

항만사용료수익은 사용료수익이므로 프로그램수익으로 인식한다.

(2) 투자증권 평가이익

순자산변동표에 조정항목으로 표시한다.

(3) 비교환수익

과태료(제재금수익)과 부담금수익은 청구권이 확정된 때에 수익으로 인식한다. 따라서 각각 100,000과 50,000을 수익으로 인식한다. 기금이므로 비교환수익을 재정운영표에 표시한다.

답 ③

3 지방자치단체의 재정운영표

■ 지방자치단체 회계기준에 관한 규칙 [별지 제6호서식]

재정운영표(일반회계)

해당연도 20 × × 년 × 월 × 일부터 20 × × 년 × 월 × 일까지
직전연도 20 × × 년 × 월 × 일부터 20 × × 년 × 월 × 일까지

지방자치단체명   (단위 : 원)

과 목	해당연도(20 × × 년)			직전연도(20 × × 년)		
	총원가	사업수익	순원가	총원가	사업수익	순원가
Ⅰ. 사업순원가						
일반공공 행정						
일반행정						
부서명						
정책사업						
공공질서 및 안전						
Ⅱ. 관리운영비						
1. 인건비						
급여						
2. 경비						
도서구입 및 인쇄비						
Ⅲ. 비배분비용						
자산처분손실						
기타비용						
Ⅳ. 비배분수익						
자산처분이익						
기타이익						
Ⅴ. 재정운영순원가 (Ⅰ + Ⅱ + Ⅲ − Ⅳ)						
Ⅵ. 일반수익						
1. 자체조달수익 지방세수익 경상세외수익						

2. 정부간이전수익 지방교부세수익 보조금수익							
3. 기타수익 전입금수익							
VII. 재정운영결과 (V − VI)							

국가회계	지자체회계
프로그램총원가 (프로그램수익)	사업총원가 (사업수익)
프로그램순원가 관리운영비 비배분비용 (비배분수익)	사업순원가 관리운영비 비배분비용 (비배분수익)
재정운영순원가 (비교환수익)	재정운영순원가 (일반수익)
재정운영결과	재정운영결과

국가회계의 재정운영표와 지자체회계의 재정운영표는 명칭만 약간 다를 뿐 구조는 동일
— 국가: 프로그램 / 비교환수익 → 지자체: 사업 / 일반수익

1. 보조금의 수익 구분

(1) 원칙	일반수익
(2) 사용 목적이 있다면	사업수익
(3) 세금, 과징금, 부담금은 목적이 있어도	일반수익

(1) 보조금수익은 일반수익 중 정부간이전수익에 해당한다. 보조금은 직접적인 반대급부 없이 그냥 받는 것이므로 비교환거래에 해당한다. 따라서 지자체에서는 보조금수익을 일반수익으로 분류한다.

(2) 사업과 관련하여 국가나 지방자치단체 등으로부터 얻은 수익(보조금 등), 지자체가 국가나 상위 지자체로부터 특정 목적에 사용하기로 하고 수령한 보조금, 운영보조로 받은 보조금, 민간으로부터 받은 특정 사업으로 용도가 제한된 기부금은 사업수익으로 처리한다.
보조금이 비교환거래에 해당하긴 하지만, 사업과 관련되는 등 사용 목적이 정해진 것이므로 수익-비용 대응을 위해 사업총원가에서 차감하기 위하여 사업수익으로 처리한다.

(3) 세금이나 과징금 및 부담금의 경우 특정용도에 충당하기 위하여 징수하는 경우라 하더라도 일반수익으로 분류한다.

과징금 및 부담금 등은 사업총원가와 대응되지 않기 때문에 보조금수익의 원칙대로 일반수익으로 인식한다. 예를 들어, 주차위반 과태료를 징수한 경우 이에 대한 대가로 지자체가 과태료 납부자에게 재화나 용역을 제공하는 것이 아니기 때문이다.

예제

2. 다음은 지방자치단체 A의 20X1년 재무제표 작성을 위하여 수집한 회계자료이다. 아래 거래 이외의 다른 거래는 없다고 가정한다.

> - 20X1년에 청구권이 발생한 지방세수익은 ₩500,000이다.
> - 20X1년에 지방자치단체 A가 운영한 사업에서 발생한 사업총원가는 ₩500,000, 사용료 수익은 ₩200,000이다. 지방자치단체 A는 사업의 비용을 보전하기 위한 운영보조 목적의 보조금 ₩20,000을 수령하였다.
> - 20X1년에 관리운영비는 ₩200,000이 발생하였다.
> - 20X1년에 사업과 관련이 없는 자산처분손실 ₩50,000과 이자비용 ₩10,000이 발생하였다.
> - 20X1년 사업과 관련이 없는 비화폐성 외화자산의 취득원가는 ₩20,000이며, 회계연도 종료일 현재 환율을 적용하면 ₩30,000이다.
> - 20X1년에 ㈜대한은 지방자치단체 A에게 현금으로 ₩40,000을 기부하였다. 동 기부금은 특정사업용도로 지정되지 않았다.
> - 20X1년에 지방자치단체 A는 청사이전으로 인하여 필요없는 건물(장부가액은 ₩120,000이며, 공정가액은 ₩200,000)을 지방자치단체 B에게 회계 간의 재산이관(관리전환)을 하였다.

20X1년 지방자치단체 A의 재정운영표 상 재정운영순원가와 재정운영결과를 계산하면 얼마인가?

2021. CPA

	재정운영순원가	재정운영결과
①	₩540,000	₩0
②	₩530,000	₩110,000
③	₩530,000	₩10,000
④	₩560,000	₩(-)20,000
⑤	₩560,000	₩100,000

🕐 **해설**

2.

사업총원가 (−) 사업수익	500,000 (220,000)
사업순원가 (+) 관리운영비 (+) 비배분비용 (−) 비배분수익	280,000 200,000 60,000 −
재정운영순원가 (−) 일반수익	540,000 (540,000)
재정운영결과	0

(1) 사업수익: 200,000 + 20,000 = 220,000
  − 보조금수익은 사업과 관련이 있으므로, 사업수익에 포함한다.

(2) 외화환산이익
  지자체는 비화폐성 외화자산을 자산, 부채를 '인식한' 당시의 환율로 평가한 금액을 재정상태표 가액(20,000)으로 한다. 따라서, 기말에 외화환산이익이 발생하지 않는다.

(3) 일반수익: 500,000(지방세수익) + 40,000(기부금수익) = 540,000
  − 회계 간의 재산이관은 비용에 포함하지 아니한다.

답 ①

국가 재정운영표

▶▶ 김용재 패턴 회계학 정부회계편

1 국가 재정운영표-분야별 재정운영표

■ 국가회계기준에 관한 규칙 [별지 제4호서식] 〈개정 2024. 7. 31.〉

분야별 재정운영표

당기: 20XY년 1월 1일부터 20XY년 12월 31일까지
전기: 20XX년 1월 1일부터 20XX년 12월 31일까지

대한민국 정부 (단위:)

	주석	20XY			20XX		
		총원가	수익	순원가	총원가	수익	순원가
I. 사업순원가	X	XXX	(XXX)	XXX	XXX	(XXX)	XXX
1. 분야(A)		XXX	(XXX)	XXX	XXX	(XXX)	XXX
2. 분야(B)		XXX	(XXX)	XXX	XXX	(XXX)	XXX
3. 분야(C)		XXX	(XXX)	XXX	XXX	(XXX)	XXX
4. 분야(D)		XXX	(XXX)	XXX	XXX	(XXX)	XXX
5. …		XXX	(XXX)	XXX	XXX	(XXX)	XXX
II. 관리운영비	X			XXX			XXX
III. 비배분비용	X			XXX			XXX
IV. 비배분수익	X			XXX			XXX
V. 재정운영순원가 (I + II + III − IV)				XXX			XXX
VI. 비교환수익 등				XXX			XXX
1. 국세수익	X			XXX			XXX

2. 사회보험수익	X	XXX	XXX
3. 부담금수익	X	XXX	XXX
4. 제재금수익	X	XXX	XXX
5. 기타 이전수익 등	X	XXX	XXX
Ⅶ. 재정운영결과 (Ⅴ − Ⅵ)		XXX	XXX

중앙관서 또는 기금의 재정운영표를 통합하여 작성하는 국가의 재정운영표는 분야별 재정운영표와 성질별 재정운영표로 구분하여 작성한다. 분야별 재정운영표는 다음 금액을 구분하여 표시한다.

분야별 총원가[1] (−) 분야별 수익	분야별 사업의 수행과정에서 발생한 수익
사업순원가 (+) 관리운영비 (+) 비배분비용 (−) 비배분수익	Σ각 중앙관서 또는 기금의 프로그램별 재정운영표의 관리운영비 Σ각 중앙관서 또는 기금의 프로그램별 재정운영표의 비배분비용 Σ각 중앙관서 또는 기금의 프로그램별 재정운영표의 비배분수익
재정운영순원가 (−) 비교환수익	비교환수익과 그 밖에 재원 이전거래 금액
재정운영결과	

[1] 분야별 사업을 수행하기 위해 투입한 원가 합계 + 다른 분야로부터 배부받은 원가 − 다른 분야에 배부한 원가

1. 사업순원가 (↔2단계 재정운영표: 프로그램순원가)

중앙관서 및 기금의 재정운영표는 프로그램총원가에서 프로그램수익을 차감한 프로그램순원가를 표시하지만, 국가의 재정운영표는 분야별 총원가에서 분야별 수익을 차감한 사업순원가를 표시한다.

2. 재정운영순원가

국가의 재정운영순원가는 사업순원가에 관리운영비와 비배분비용을 가산하고, 비배분수익을 차감한 금액이다. 이때, 국가의 재정운영표에 표시되는 관리운영비, 비배분비용, 비배분수익은 각 프로그램별 2단계 재정운영표에 표시된 금액을 합산한 금액을 표시한다.

3. 비교환수익

1단계, 2단계	사업형 회계	재정운영표의 '비교환수익'
	행정형 회계	순자산변동표의 '재원의 조달 및 이전'
3단계: 국가 재무제표		재정운영표의 '비교환수익' (순자산변동표 X)

중앙관서 및 기금의 비교환수익은 보고실체에 따라 재정운영표 또는 순자산변동표에 보고되지만, 국가의 비교환수익은 재정운영표에 보고된다. 행정형 회계도 2단계까지는 순자산변동표에 표시하지만, 3단계 국가 재무제표로 통합되면서 재정운영표에 표시하는 것이다. 한편, 국가의 비교환수익에는 중앙관서 및 기금의 비교환수익과 달리 국세수익도 포함된다.

4. 중앙관서의 재정운영표 vs 국가의 재정운영표

	중앙관서 및 기금 (2단계)	국가
내부거래 제거	소관 일반회계, 특별회계 및 기금 간의 내부거래를 제거하여 작성	중앙관서 간의 내부거래를 제거하여 작성
무상이전거래	재정운영표(사업형 회계) or 순자산변동표 (행정형 회계)에 표시	재무제표에 표시 X (내부거래 제거)

(1) 무상이전거래(무상이전수입, 무상이전지출)

무상이전수입과 무상이전지출은 비교환수익에 해당하므로, 재정운영표나 순자산변동표에 표시한다. 그런데 국가 재무제표는 중앙관서 간의 내부거래를 제거하여 작성하므로, 무상이전거래가 제거되어 국가 재정운영표에는 무상이전수입, 무상이전지출이 표시되지 않는다.

2 국가 재정운영표-성질별 재정운영표

■ 국가회계기준에 관한 규칙 [별지 제5호서식] 〈개정 2024. 7. 31.〉

성질별 재정운영표

당기: 20XY년 1월 1일부터 20XY년 12월 31일까지
전기: 20XX년 1월 1일부터 20XX년 12월 31일까지

대한민국 정부 (단위:)

	주석	20XY	20XX
수익(Ⅰ + Ⅱ + Ⅲ)		XXX	XXX
Ⅰ. 국세수익	X	XXX	XXX
Ⅱ. 이전수익		XXX	XXX
1. 사회보험수익	X	XXX	XXX
2. 부담금수익	X	XXX	XXX
3. 제재금수익	X	XXX	XXX
4. 기타 이전수익	X	XXX	XXX
Ⅲ. 국가운영수익		XXX	XXX
1. 재화 및 용역제공수익	X	XXX	XXX
2. 연금수익	X	XXX	XXX
3. 이자수익	X	XXX	XXX
4. 배당수익	X	XXX	XXX
5. 자산처분이익	X	XXX	XXX
6. 자산평가이익	X	XXX	XXX
7. 기타 국가운영수익	X	XXX	XXX
비용(Ⅳ + Ⅴ)		XXX	XXX
Ⅳ. 이전비용		XXX	XXX

1. 국고보조사업비	X	XXX	XXX
2. 출연사업비	X	XXX	XXX
3. 사회보험비용	X	XXX	XXX
4. 지방교부금	X	XXX	XXX
5. 기타 이전비용	X	XXX	XXX
Ⅴ. 국가운영비용		XXX	XXX
1. 재화 및 용역제공원가	X	XXX	XXX
2. 연금비용	X	XXX	XXX
3. 인건비	X	XXX	XXX
4. 이자비용	X	XXX	XXX
5. 운영비	X	XXX	XXX
6. 감가상각비	X	XXX	XXX
7. 자산평가손실	X	XXX	XXX
8. 기타 국가운영비용	X	XXX	XXX
재정운영결과 (비용 − 수익)		XXX	XXX

1. 수익: 국세수익 + 이전수익 + 국가운영수익
  − 국세수익은 국가의 재정운영표에만 표시
2. 비용: 이전비용 + 국가운영비용
3. 재정운영결과: 비용 − 수익

예제

1. 다음은 중앙관서 A부처의 일반회계에서 발생한 거래이다. 다음 거래가 A부처의 일반회계 프로그램별 재정운영표의 재정운영결과에 미치는 영향과 국가분야별 재정운영표의 재정운영결과에 미치는 영향을 올바르게 나타낸 것은? 2014. CPA

> • 20X3년중에 프로그램 순원가로 ₩100,000이 발생하였다.
> • 20X3년중에 행정운영과 관련하여 인건비 ₩50,000, 감가상각비 ₩30,000이 발생하였다.
> • 20X3년중에 부담금 수익 ₩70,000에 대한 청구권이 확정되었다.
> • 20X3년중에 B부처에서 무상관리전환으로 ₩30,000의 자산을 수증받았다.

	A부처의 일반회계	대한민국 정부
①	₩ 180,000 증가	₩ 110,000 증가
②	₩ 150,000 증가	₩ 80,000 증가
③	₩ 110,000 증가	₩ 110,000 증가
④	₩ 110,000 증가	₩ 80,000 증가
⑤	₩ 80,000 증가	₩ 110,000 증가

해설

1.

	A부처 일반회계		대한민국 정부
프로그램순원가 (+) 관리운영비 (+) 비배분비용 (−) 비배분수익	100,000 80,000	사업순원가 (+) 관리운영비 (+) 비배분비용 (−) 비배분수익	100,000 80,000
재정운영순원가 (−) 비교환수익	180,000 —	재정운영순원가 (−) 비교환수익	180,000 (70,000)
재정운영결과	180,000	재정운영결과	110,000

(1) 관리운영비

인건비, 감가상각비는 관리운영비에 포함된다.

(2) 비교환수익

부담금수익은 비교환수익에 해당한다. 일반회계의 비교환수익은 중앙관서의 순자산변동표와 국가 재정운영표에 표시된다.

(3) 무상관리전환

무상관리전환은 비교환수익에 해당하는데, A부처가 일반회계이므로 순자산변동표에 표시된다. 국가 재무제표에서는 내부거래에 해당하여 관리전환이 제거되므로 국가 재무제표에 표시되지 않는다.

🔒 ①

2. 다음은 일반회계만으로 구성된 중앙부처 A의 20X1 회계연도 자료이다.

> **중앙부처 A(일반회계)**
>
> - 20X1년 중 발생한 프로그램순원가는 ₩20,000이다.
> - 20X1년 중 건물의 회수가능액이 장부가액에 미달하였고, 그 미달액이 중요하여 자산감액손실로 ₩3,000을 인식하였다. 이는 프로그램과 관련이 없다.
> - 20X1년 중 투자목적 단기투자증권을 ₩2,000에 취득하였으며, 20X1년 기말 공정가액은 ₩7,000이다.
> - 20X1년 중 이자수익 ₩6,000이 발생하였으며 프로그램 운영과 관련이 없다.
> - 20X1년 중 청구권이 확정된 부담금수익 ₩4,000 중 ₩2,000이 납부되었다.
> - 20X1년 중 제재금수익 ₩2,000이 발생하였다.

상기 거래가 20X1 회계연도 중앙부처 A(일반회계) 프로그램별 재정운영표의 재정운영결과에 미치는 영향과 국가 수준에서 작성하는 분야별 재정운영표의 재정운영결과에 미치는 영향을 올바르게 나타낸 것은? 단, 재무제표 작성과정에서 상계할 내부거래는 없으며, 상기 제시된 자료 이외의 항목은 없다고 가정한다.

2020. CPA

	중앙부처 A 일반회계	대한민국 정부
①	₩11,000 증가	₩11,000 증가
②	₩12,000 증가	₩6,000 증가
③	₩12,000 증가	₩12,000 증가
④	₩17,000 증가	₩11,000 증가
⑤	₩17,000 증가	₩12,000 증가

🕐 해설

2.

	중앙부처 A 일반회계		대한민국 정부
프로그램순원가	20,000	사업순원가	20,000
(＋) 관리운영비		(＋) 관리운영비	
(＋) 비배분비용	3,000	(＋) 비배분비용	3,000
(－) 비배분수익	(6,000)	(－) 비배분수익	(6,000)
재정운영순원가	17,000	재정운영순원가	17,000
(－) 비교환수익	－	(－) 비교환수익	(6,000)
재정운영결과	17,000	재정운영결과	11,000

(1) 손익 구분

자산감액손실: 비배분비용

단기투자증권 평가이익: 순자산조정(재정운영표에 표시 X)

이자수익: 비배분수익

부담금수익, 제재금수익: 비교환수익

  － 부담금수익은 청구권이 확정될 때 인식하므로 4,000을 인식한다.

(2) 일반회계

일반회계는 재정운영결과 계산 시 비교환수익을 차감하지 않는다.

(3) 정부

정부의 재정운영표에는 행정형회계의 비교환수익도 표시된다.

답 ④

1 국고금회계

1. 국고금 및 국고금회계

	일반회계	특별회계		기금	
		기타특별회계	기업특별회계	중앙관서의 장이 관리 O	중앙관서의 장이 관리 X
국고금 계정 사용	O				X
국고금 회계처리	O (행정형 회계)		X (사업형 회계)		

(1) 국고통일의 원칙

국고통일의 원칙이란 국가의 모든 수입금을 징수하거나 예산을 집행할 때는 국고통합계정에 불입하고 모든 세출은 국고통합계정에서 예산을 배정받아 집행해야 하는 원칙을 말한다.

(2) 국고금

국고금이란, 일반회계, 특별회계 및 중앙관서의 장이 관리하는 기금이 보유하는 현금 및 현금성자산을 의미한다. 국고금 관리법에 따라 중앙관서의 장이 관리하지 않는 기금은 국고금이 아닌 현금 및 현금등가물로 분류한다.

(3) 국고금회계

국고금회계란, 국고로 불입되어 관리되는 수입, 예산의 배정에 따른 지출 등을 하나로 모아 회계처리하기 위한 자금관리 회계를 말한다. 모든 국고금이 국고금회계를 적용하는 것은 아니다. 앞에서 행정형 회계로 배웠었던 회계실체들이 국고금회계의 대상이다. 행정형 회계인 일반회계와 기타특별회계는 예산배정을 통해 재원을 마련하므로 수입과 지출을 국고금계정에서 회계처리하게된다.

반면, 별도로 자금을 운용할 수 있는 사업형 회계는 국고금회계 적용대상에서 제외한다.

(4) 국고금회계의 결산: 2단계 재무제표에 해당

국고금회계는 기획재정부의 하부 회계로 2단계 중앙관서 재무제표와는 독립하여 결산을 수행한

뒤, 3단계 국가 재무제표 작성 시 다른 중앙관서 재무제표와 함께 통합한다. 2단계에서 독립적이고, 3단계에서 통합되므로 편의상 국고금은 '2단계에 있는 여러 중앙관서 중 하나'라고 기억하자.

2. 국고금회계의 회계처리 ★중요!

	중앙관서	국고금회계
중앙관서→국고금회계	(국고금 / 수익) **국고이전지출 / 국고금**	국고금/ 국고이전수입
국고금회계→중앙관서	국고금 / 국고수입 (비용 / 국고금)	세출예산지출액 / 국고금

(1) 국고금 유입

국고금회계의 대상인 행정형 회계(일반회계 및 기타특별회계)는 현금이 유입되었을 때 직접 보유할 수 없으며, 전부 국고금회계에 불입하게 된다. 아이가 명절에 친척 어른들에게 용돈을 받으면 아이가 돈을 보유하는 것이 아니라 부모가 맡아주는 것과 유사한 개념이라고 보면 된다. 이때 중앙관서는 '국고이전지출'이라는 계정과목을 사용하며, 국고금회계는 '국고이전수입'이라는 계정과목을 사용한다. 결과적으로, 일반회계와 기타특별회계의 국고금은 중앙관서의 재정상태표에 표시되지 않는다.

(2) 국고금 지출

행정형 회계는 현금을 직접 보유할 수 없기 때문에 자금을 집행하기 위해서는 국고금회계로부터 예산을 배정받아 지출해야 한다. 아이가 부모에게 돈을 받아서 쓰는 것과 유사한 개념이다. 이때 중앙관서는 국고금으로부터 받은 수익을 '국고수입'이라는 계정과목으로 표시하며, 국고금회계는 중앙관서에 배정한 예산을 '세출예산지출액'이라는 계정과목으로 표시한다.

(3) 국가 재무제표 작성 시 국고금 이전거래 제거

국고금은 '2단계에 있는 여러 중앙관서 중 하나'로 이해하면 된다고 했었다. 2단계 중앙관서 재무제표와는 독립적이며, 3단계 국가 재무제표 작성 시에는 다른 중앙관서 재무제표와 통합되기 때문이다. 중앙관서 재무제표에서는 중앙관서와 국고금회계 간의 거래가 제거되지 않지만, 국가 재무제표 작성 시에는 국고금 이전거래가 내부거래에 해당하므로 제거해주어야 한다.

예제

1. 국가회계예규 중 「국고금 회계처리지침」 및 「재무제표의 통합에 관한 지침」의 국고금 관련 설명 중 옳지 않은 것은? 2024. CPA

① 국고금회계란 일반회계, 특별회계 및 기금과 다른 별도의 회계로서 국고로 불입되어 관리되는 수입, 예산의 배정에 따른 지출 및 국고여유자금의 운용 등 국고에 관한 일체의 행위를 하나의 회계에서 모아 회계처리하기 위한 자금관리 회계를 말한다.

② 국고금회계를 포함한 국가 재무제표에는 중앙관서 순자산변동표의 국고이전지출과 국고금회계의 국고이전수입, 중앙관서 순자산변동표의 국고수입과 국고금회계의 세출예산지출액을 내부거래제거로 상계한다.

③ 한국은행에 납입 또는 예탁한 국고금은 한국은행국가예금으로 분류한다.

④ 일반회계와 기타특별회계(우체국보험특별회계는 제외한다)의 국고금은 해당 국가회계실체와 중앙관서의 재정상태표에 표시한다.

⑤ 국고금회계는 기획재정부의 하부 회계로 독립하여 결산을 수행하고, 국고금회계의 재무제표는 국가 재무제표 작성 시 중앙관서 재무제표와 함께 통합한다.

 해설

1.
일반회계와 기타특별회계는 국고금회계를 적용하므로, 국고금이 국가회계실체의 재정상태표가 아닌 국고금회계의 재정상태표에 표시된다. (국고이전지출 / 국고금).

답 ④

2 중앙관서 및 기금의 순자산변동표

순자산변동표는 회계연도 동안 순자산의 변동명세를 표시하는 재무제표를 말한다.

	기본순자산	적립금 및 잉여금	순자산조정	합계
Ⅰ. 기초순자산	×××	×××	×××	×××
Ⅱ. 재정운영결과		×××		×××
Ⅲ. 재원의 조달 및 이전		×××		×××
Ⅳ. 조정항목	×××	×××	×××	×××
Ⅴ.기말순자산	×××	×××	×××	×××

1. 재정운영결과: 적립금 및 잉여금에 누적, 순자산에서 차감!

재정운영표의 재정운영결과는 적립금 및 잉여금에 보고한다. 재정운영결과는 비용에서 수익을 차감한 값이므로 순자산변동표에서 기말순자산을 계산할 때에는 기초순자산에서 차감해야 한다는 점에 유의하자.

2. 재원의 조달 및 이전: 행정형 회계의 비교환수익, 무상이전거래(국고수입, 국고이전지출)

행정형 회계에서 발생하는 비교환수익과 순자산의 증감을 발생시키는 중앙관서 간의 무상이전거래를 말한다. 국고금회계에서 발생하는 국고수입과 국고이전지출도 재원의 조달 및 이전에 포함된다. 중앙관서의 국고수입이나 국고이전지출이 등장하면 재정운영표가 아닌 순자산변동표에 적어야 함을 주의하자.

3. 조정항목

조정항목은 순자산의 증감을 초래하는 거래이나, 수익 또는 비용거래나 재원의 조달 및 이전 거래에 해당하지 않는 거래를 말한다. 조정항목 중 대부분은 기업회계의 기타포괄손익(OCI)과 동일한 역할을 하는 순자산조정에 표시한다.

예제

2. 다음은 중앙관서 A부처의 20X1회계연도 재무제표 작성을 위하여 수집한 회계자료이다.

> - 기초순자산은 ₩10,000(기본순자산 ₩2,000, 적립금 및 잉여금 ₩7,000, 순자산조정 ₩1,000)이다.
> - 프로그램총원가 ₩35,000과 프로그램수익 ₩15,000이 발생하였다.
> - 행정운영을 위해 발생한 인건비 ₩7,000과 경비 ₩3,000은 모두 관리운영비로 인식한다.
> - 제재금수익은 ₩3,000, 국고수입은 ₩14,000, 비배분수익은 ₩8,000, 부담금수익은 ₩9,000이다.
> - 비배분비용은 ₩6,000, 국고이전지출은 ₩2,000이다.
> - 파생상품에서 발생한 평가손실은 ₩4,000이며 이것은 미래예상거래의 현금흐름변동위험을 회피하는 계약에서 발생한 것이다.

A부처는 일반회계만으로 구성되었고, 재무제표 작성과정에서 상계할 내부거래는 없으며, 상기 제시된 자료 이외의 항목은 없다고 가정한다. A부처의 20X1회계연도 재무제표에 대한 설명으로 옳지 않은 것은?

2019. CPA

① A부처의 재정운영표에 표시되는 재정운영순원가는 ₩28,000이다.
② A부처의 재정운영표에 표시되는 재정운영결과는 ₩28,000이다.
③ A부처의 순자산변동표에서 재원의 조달 및 이전란에 표시되는 금액은 ₩24,000이다.
④ A부처의 순자산변동표상 기말 적립금 및 잉여금은 ₩3,000이다.
⑤ A부처의 순자산변동표상 기말순자산은 ₩58,000이다.

🕐 해설

2.
(1) 재정운영표

프로그램총원가 (−) 프로그램수익	35,000 (15,000)
프로그램순원가 (＋) 관리운영비 (＋) 비배분비용 (−) 비배분수익	20,000 10,000 6,000 (8,000)
재정운영순원가 (−) 비교환수익	①28,000 −
재정운영결과	②28,000

행정형 회계에 해당하는 '일반회계'이므로 비교환수익은 재정운영표가 아닌 순자산변동표상 재원의 조달 및 이전란에 적는다.

(2) 재원의 조달 및 이전

제재금수익 국고수입 부담금수익 국고이전지출	3,000 14,000 9,000 (2,000)
계	③24,000

비교환수익과 국고금회계와의 거래(국고수입, 국고이전지출)는 재원의 조달 및 이전란에 표시된다.

(3) 순자산변동표

	기본순자산	적립금 및 잉여금	순자산조정	순자산 계
기초 재정운영결과 재원의 조달 및 이전 파생상품평가손실	2,000	7,000 (28,000) 24,000	1,000 (4,000)	10,000 (28,000) 24,000 (4,000)
기말	2,000	④3,000	(3,000)	⑤2,000

기말순자산은 2,000이다.

🔲 ⑤

3. 다음은 '국가통계생산 및 지원 프로그램'을 수행하고 있는 중앙부처 A의 일반회계의 20X4년도 자료이다. '국가통계생산 및 지원 프로그램'은 중앙부처 A가 수행하는 유일한 프로그램이고, 중앙부처 A에는 일반회계만 있다. 20X4년도 기초순자산은 ₩500,000(기본순자산 ₩350,000, 적립금및잉여금 ₩100,000, 순자산조정 ₩50,000)이다. 20X4년도에는 아래 거래 이외에 다른 거래는 없었다고 가정한다.

- 20X4년 중 프로그램순원가로 ₩30,000이 발생하였다.
- 20X4년 중 행정지원을 위한 인건비 ₩6,000, 운영경비 ₩4,000이 발생하였으며 이는 모두 관리운영비로 인식한다.
- 20X4년 중 파생상품에서 발생한 평가이익은 ₩5,000이며 이것은 미래예상거래의 현금흐름변동위험을 회피하는 계약에서 발생한 것이다.
- 20X4년 중 제재금 ₩20,000을 부과하였고 모두 납부되었다.
- 20X4년 중 국고수입은 ₩100,000이고, 국고이전지출은 ₩80,000이다.

중앙부처 A의 20X4년도 프로그램별 재정운영표상 재정운영결과(㉠)는 얼마이며, 20X4년도 순자산변동표상 기말 적립금및잉여금(㉡)과 기말 순자산조정(㉢)은 얼마인가?

2015. CPA

	㉠	㉡	㉢
①	₩40,000	₩180,000	₩55,000
②	₩0	₩140,000	₩50,000
③	₩40,000	₩100,000	₩55,000
④	₩35,000	₩105,000	₩50,000
⑤	₩35,000	₩180,000	₩55,000

🕐 해설

3.
1. 재정운영표

프로그램총원가 (−) 프로그램수익	
프로그램순원가 (+) 관리운영비 (+) 비배분비용 (−) 비배분수익	30,000 10,000
재정운영순원가 (−) 비교환수익	40,000 −
재정운영결과	㉠40,000

2. 재원의 조달 및 이전

제재금수익 국고수입 국고이전지출	20,000 100,000 (80,000)
계	40,000

비교환수익과 국고금회계와의 거래(국고수입, 국고이전지출)는 재원의 조달 및 이전란에 표시된다.

3. 순자산변동표

	기본순자산	적립금 및 잉여금	순자산조정	순자산 계
기초 재정운영결과 재원의 조달 및 이전 파생상품평가이익	350,000	100,000 (40,000) 40,000	50,000 5,000	500,000 (40,000) 40,000 5,000
기말	350,000	㉡100,000	㉢55,000	505,000

파생상품 평가이익(위험회피적립금)은 순자산조정으로 분류한다.

답 ③

1. 국가 순자산변동표: 재원의 조달 및 이전 없음

중앙관서 및 기금의 순자산변동표 (2단계)	
Ⅰ. 기초순자산	×××
Ⅱ. 재정운영결과	−×××
Ⅲ. **재원의 조달 및 이전**	±×××
Ⅳ. 조정항목	±×××
Ⅴ. 기말순자산	×××

국가의 순자산변동표 (3단계)	
Ⅰ. 기초순자산	×××
Ⅱ. 재정운영결과	−×××
Ⅲ. 조정항목	±×××
Ⅳ. 기말순자산	×××

> 중앙관서 또는 기금의 순자산변동표는 기초순자산, 재정운영결과, **재원의 조달 및 이전**, 조정항목, 기말순자산으로 구분하여 표시한다.
> 중앙관서 또는 기금의 순자산변동표를 통합하여 작성하는 국가의 순자산변동표는 기초순자산, 재정운영결과, 조정항목, 기말순자산으로 구분하여 표시한다.

위는 국가회계규칙 원문이다. 중앙관서 또는 기금의 순자산변동표에는 '재원의 조달 및 이전'이 표시되지만, 국가의 순자산변동표에는 표시되지 않는다. 2단계까지 행정형 회계의 비교환수익은 순자산변동표에 보고되지만, 3단계 국가 재무제표로 통합되면서 국가의 비교환수익은 재정운영표에 표시되기 때문이다. 또한, 중앙관서 또는 기금의 순자산변동표에는 무상이전거래(무상이전수입, 무상이전지출) 및 국고금회계와의 거래(국고수입, 국고이전지출)이 재원의 조달 및 이전에 표시되지만, 국가 재무제표로 통합되면서 무상이전거래와 국고금회계와의 거래가 내부거래 제거 및 국고금회계 통합을 통해 순자산변동표에 표시되지 않는다.

예제

1. 다음 중 「국가회계기준에 관한 규칙」에 대한 내용으로 **옳지 않은** 것은? 2012.CPA 수정

① 국가회계실체란 「국가재정법」 제4조에 따른 일반회계, 특별회계 및 같은 법 제5조에 따른 기금으로서 중앙관서별로 구분된 것을 말한다.

② 재무제표는 국가가 공공회계책임을 적절히 이행하였는지를 평가하는 데 필요한 국가의 재정상태 및 그 변동과 재정운영결과에 관한 정보, 국가사업의 목적을 능률적·효과적으로 달성하였는지에 관한 정보, 예산과 그 밖에 관련 법규의 준수에 관한 정보를 제공하여야 한다.

③ 재무제표의 과목은 해당 항목의 중요성에 따라 별도의 과목으로 표시하거나 다른 과목으로 통합하여 표시할 수 있다.

④ 재무제표는 「국가회계법」 제14조 제3호에 따라 재정상태표, 재정운영표, 순자산변동표로 구성하되, 재무제표에 대한 주석을 포함한다.

⑤ 중앙관서 또는 기금의 순자산변동표를 통합하여 작성하는 국가의 순자산변동표는 기초순자산, 재정운영결과, 재원의 조달 및 이전, 조정항목, 기말순자산으로 구분하여 표시한다.

해설

1.
국가의 순자산변동표에는 재원의 조달 및 이전이 표시되지 않는다.

답 ⑤

2. 국가 및 지방자치단체의 재무제표 작성과 표시에 관한 <u>옳지 않은</u> 설명은? 2017. CPA 수정

① 중앙관서 또는 기금의 순자산변동표는 기초순자산, 재정운영결과, 조정항목, 기말 순자산으로 구분하여 표시하지만, 국가의 순자산변동표는 기초순자산, 재정운영결 과, 재원의 조달 및 이전, 조정항목, 기말순자산으로 구분하여 표시한다.

② 예산회계에서의 현금액과 재무회계에서의 현금액이 일치하지 않는 문제 등이 발생 하는 것을 방지하기 위해 국가 및 지방자치단체 모두 출납정리기한(또는 출납폐쇄 기한)내에 발생한 거래는 해당 회계연도에 발생한 것으로 가정하여 처리한다.

③ 지방자치단체의 유형별 회계실체를 통합한 재정상태표는 일반회계, 기타특별회계, 기금회계, 지방공기업특별회계를 통합하여 내부거래를 상계하고 작성하되, 직전연 도와 비교하는 형식으로 작성한다.

④ 국가의 분야별 재정운영표는 사업순원가, 재정운영순원가, 재정운영결과로 구분하 여 표시하고, 지방자치단체의 재정운영표는 사업별 사업순원가, 재정운영순원가, 재정운영결과로 구분하여 표시한다.

⑤ 중앙관서 또는 기금의 성질별 재정운영표는 이전수익 및 국가운영수익으로 구분하 여 수익을 표시하고 이전비용과 국가운영비용으로 구분하여 비용을 표시한다.

해설

2.
재원의 조달 및 이전은 중앙관서 또는 기금의 순자산변동표에만 표시가 되며, 국가의 순자산변동표에는 표시되지 않는다.

답 ①

1. 원칙: 취득원가

재정상태표에 표시하는 자산의 가액은 취득원가를 기초로 하여 인식한다.

2. 예외: 공정가액 ★중요!

		국가회계	지자체회계
관리전환	무상	장부가액	회계 간의 재산 이관, 물품 소관의 전환: 장부가액
	유상	공정가액	
교환		공정가액	
기부채납		공정가액	
무상취득		무주부동산: 공정가액	무상취득: 공정가액

(1) 관리전환 (=지자체의 회계 간의 재산 이관, 물품 소관의 전환) ★중요!

	국가	지자체
무상관리전환	장부가액	직전 회계실체의 장부가액
유상관리전환	공정가액	

관리전환이란 국가 내의 각 관리청 간에 자산의 소관을 이전하는 것을 의미한다. 지자체에서는 이를 '회계 간의 재산 이관', '물품 소관의 전환'이라고 부른다.

국가는 관리전환을 유상과 무상으로 구분하여 유상의 경우만 공정가액으로 측정하는 반면, 지자체는 구분 없이 모두 장부가액으로 인식한다.

(2) 교환(국가=지자체≒IFRS)

교환은 국가와 지자체의 규정이 일치하며, 이는 기업회계의 규정과 유사하다. 기업회계에서 상업적 실질이 있는 경우 구 자산의 FV에 현금수수액을 반영한 금액이 신자산의 취득원가가 되는데, 현금수수액이 없다고 가정하면 구자산의 공정가치가 신자산의 취득원가가 된다. 이는 정부회계에서도 동일하게 적용되며, 국가와 지자체의 규정도 동일하다.

(3) 기부채납

기부채납이란 기부를 통해 정부가 자산을 무상으로 취득하는 것을 말한다. 국가와 지자체 모두 기부채납으로 취득한 자산을 공정가액으로 평가한다.

(4) 무주부동산 취득(국가) 및 무상취득(지자체)

무주부동산이란 소유주가 없는 부동산을 의미한다. 국가가 소유주가 없는 부동산을 자산으로 인식하는 경우 공정가액으로 평가하며, 동액만큼 이익을 인식한다. 지자체가 무상으로 취득한 자산은 공정가액으로 평가한다.

3. 손상 (국가=지자체=IFRS)

기업회계에서 배운 손상을 정부회계에서는 감액이라고 부른다. 지자체의 경우 감액손실환입 규정이 없지만, 수험목적 상 세 규정 모두 같다고 보아도 무방하다.

(1) 손상 기준금액: 회수가능액

(2) 감액손실: 재정운영결과 (PL)

(3) 감액손실환입: 재정운영결과 (PL)

　ㅡ 한도: 해당 자산이 감액되지 아니하였을 경우의 장부가액

4. 대손

다음은 국가와 지자체의 대손충당금 규정이다. 둘 다 대손충당금을 설정한다는 것만 기억하면 될 뿐, 둘 간의 차이점은 중요하지 않으므로 한 번씩 읽고 넘어가면 된다.

국가	지자체
대여금 및 미수채권은 신뢰성 있고 객관적인 기준에 따라 산출한 대손추산액을 **대손충당금으로 설정**하여 평가한다.	미수세금은 합리적이고 객관적인 기준에 따라 평가하여 **대손충당금을 설정**하고 이를 미수세금에서 차감하는 형식으로 표시하며, 대손충당금의 내역은 주석으로 공시한다. 미수세외수입금, 단기대여금, 장기대여금 등에 대해서도 동일한 규정을 적용한다.

5. 투자증권의 평가 ⭐종요

(1) 취득원가=매입가액+부대비용, 총평균법 적용

투자증권은 매입가액에 부대비용을 더하고 종목별로 총평균법 등을 적용하여 산정한 가액을 취득원가로 한다.

(2) 국가의 투자증권 평가

	원칙	신뢰성 있는 측정 가능 시
채무증권(채권)	상각후취득원가 (AC)	공정가액
지분증권(주식)	취득원가	(평가손익: 순자산조정)

채무증권은 상각후취득원가로 평가하고, 지분증권은 취득원가로 평가한다. 다만, 재정상태표일 현재 신뢰성 있게 공정가액을 측정할 수 있으면 그 공정가액으로 평가하며, 장부가액과 공정가액의 차이금액은 순자산조정에 반영한다.

 정부회계의 유가증권은 FVOCI 금융자산과 같다.

부대비용: 매입가액에 더함
평가손익: 순자산조정(OCI)

(3) 정부출자금

정부출자금은 출자액 또는 매입가액에 부대비용을 더하고 품목별로 총평균법 등을 적용하여 산정한 가액을 취득원가로 한다.

(4) 지자체의 투자증권 평가

장기투자증권은 매입가격에 부대비용을 더하고 이에 종목별로 총평균법을 적용하여 산정한 취득원가로 평가함을 원칙으로 한다. 지자체는 투자증권을 취득원가로 계상한 뒤, 공정가액 변동을 인식하지 않는다. (∵지자체는 순자산조정 없음)

6. 재고자산의 평가 ★중요!

(1) 취득원가=제조원가 또는 매입가액+부대비용

(2) 원가흐름의 가정

원칙	선입선출법
예외	다른 방법을 적용하는 것이 보다 합리적이라고 인정되는 경우에는 개별법, 이동평균법 등을 적용하고 그 내용을 주석으로 표시

(3) 저가법 (=기업회계): 지자체 X

재고자산의 시가가 취득원가보다 낮은 경우에는 시가를 재정상태표 가액으로 한다. 저가법 규정은 기업회계와 동일하다. 단, 지자체의 경우 저가법을 적용하고 있지 않다.

원재료 외의 재고자산	순실현가능가액
원재료	현행대체원가

김수석의 핵심 콕! 유가증권 vs 재고자산

	유가증권	재고자산
취득원가	매입가액 + 부대비용	
원가흐름의 가정	총평균법 등	선입선출법 (다른 방법 적용 시 주석 공시)

7. 압수품 및 몰수품의 평가: 지자체는 관련 규정 X

화폐성자산	압류 또는 몰수 당시의 시장가격
비화폐성자산	압류 또는 몰수 당시의 감정가액 or 공정가액

8. 일반유형자산 및 사회기반시설 (+주민편의시설)의 평가

지자체는 감가상각방법, 재평가 여부를 제외하고는 국가회계와 일치한다. 지자체에만 존재하는 주민편의시설에도 본 규정을 적용한다.

(1) 취득원가=건설원가 또는 매입가액+부대비용

(2) 감가상각방법

국가	객관적이고 합리적인 방법으로 추정한 기간에 정액법 '등'을 적용
지자체	정액법을 원칙으로 함

국가는 정액법 외의 감가상각방법을 인정하지만, 지자체는 정액법을 원칙으로 한다.

(3) 사회기반시설 중 감가상각의 예외: 도로, 철도 등 ★중요!

	국가	지자체
예외 대상	사회기반시설 중 관리 · 유지 노력에 따라 취득 당시의 용역 잠재력을 그대로 유지할 수 있는 시설	사회기반시설 중 유지보수를 통하여 현상이 유지되는 도로, 도시철도 등
감가 상각비	감가상각하지 않는 대신, 관리 · 유지 비용으로 감가상각비용을 대체할 수 있다.	
제한 사항	효율적인 사회기반시설 관리시스템으로 사회기반시설의 용역 잠재력이 취득 당시와 같은 수준으로 유지된다는 것이 객관적으로 증명되는 경우로 한정한다.	감가상각을 하지 아니한 이유를 주석으로 공시한다.

국가와 지자체 모두 감가상각의 예외 조항이 있다. 국가와 지자체의 규정을 구분할 필요 없이 같은 규정이라고 보자. 제한사항은 중요하지 않다. '사회기반시설 중 감가상각하지 않을 수 있는 예외가 있다'는 것만 기억하면 된다.

(4) 사용수익권: 자산의 차감항목! (not 부채) ★중요!

사용수익권이란, 국가 및 지자체가 민간으로부터 건물, 도로 등을 기부받는 대신에 기부한 주체에게 일정 기간동안 사용할 수 있는 권리를 주는 것이다. 일반유형자산 및 사회기반시설에 대한 사용수익권은 해당 자산의 차감항목에 표시한다. 기업회계에서 자기주식을 자산이 아닌 자본의 차감항목으로 분류하는 것과 같이, 사용수익권은 부채가 아닌 자산의 차감항목으로 분류한다는 것을 주의하자.

(5) 재평가: 지자체 X

일반유형자산과 사회기반시설을 취득한 후 재평가할 때에는 공정가액으로 계상하여야 한다. 다만, 해당 자산의 공정가액에 대한 합리적인 증거가 없는 경우 등에는 재평가일 기준으로 재생산 또는 재취득하는 경우에 필요한 가격에서 경과연수에 따른 감가상각누계액 및 감액손실누계액을 뺀 가액으로 재평가하여 계상할 수 있다.

재평가 방법은 기업회계와 동일하다. '오르면 OCI, 내려가면 PL, 상대방 것이 있다면 제거 후 초과분만 인식'의 방식으로 처리하면 된다. OCI는 순자산조정, PL은 재정운영결과에 대응된다. 지자체에는 순자산조정(OCI)이 없으므로 유형자산의 재평가 규정이 없다.

(6) 취득 후 지출(=기업회계)

내용연수를 연장시키거나 가치를 실질적으로 증가시키는 지출	자산의 증가
원상회복시키거나 능률유지를 위한 지출	비용

9. 무형자산의 평가 (=지자체)

(1) 취득원가 : 기업회계와 동일

무형자산은 해당 자산의 개발원가 또는 매입가액에 부대비용을 더한 금액을 취득원가로 하여 평가한다.

(2) 상각 : 정액법만 사용 가능, 예외를 제외하고는 20년 초과 불가

무형자산은 정액법에 따라 해당 자산을 사용할 수 있는 시점부터 합리적인 기간동안 상각한다. 이 경우 상각기간은 독점적·배타적인 권리를 부여하고 있는 관계 법령이나 계약에서 정한 경우를 제외하고는 20년을 초과할 수 없다.

 유·무형자산의 감가상각방법 요약

		유형자산	무형자산
국가		정액법 등을 적용	정액법
지자체		정액법을 원칙으로	

(3) 재평가 및 차입원가 자본화 불가

- 무형자산은 재평가 불가
- 취득하는 기간 동안 발생한 금융비용을 취득부대비용에 포함 X

1. 다음 중 「국가회계기준에 관한 규칙」과 「지방자치단체 회계기준에 관한 규칙」에 대한 설명으로 옳은 것은? 2018. CPA 수정

① 국가와 지방자치단체는 관리전환이 무상거래일 경우에는 자산의 장부가액을 취득원가로 하고, 유상거래일 경우에는 자산의 공정가액을 취득원가로 한다.

② 국가는 자산을 금융자산, 유·무형자산 및 기타 자산으로 구분하지만, 지방자치단체는 자산을 유동자산, 투자자산, 일반유형자산, 무형자산, 사회기반시설, 기타비유동자산으로 분류한다.

③ 국가의 유산자산과 지방자치단체의 관리책임자산은 자산으로 인식하지 아니하고, 주석 또는 필수보충정보에 공시한다.

④ 국가와 지방자치단체는 퇴직급여충당부채, 연금충당부채, 보험충당부채 등을 충당부채로 분류하여 표시한다.

⑤ 국가와 지방자치단체는 일반유형자산과 사회기반시설에 대하여 재평가할 수 있으며, 해당 자산의 공정가액에 대한 합리적인 증거가 없는 경우 등에는 재평가일 기준으로 재생산 또는 재취득하는 경우에 필요한 가격에서 경과연수에 따른 감가상각누계액 및 감액손실누계액을 뺀 가액으로 재평가하여 계상할 수 있다.

2. 「국가회계기준에 관한 규칙」과 「지방자치단체 회계기준에 관한 규칙」의 자산에 대한 다음 설명 중 옳지 않은 것은? 2020. CPA

① 지방자치단체는 주민의 편의를 위해서 1년 이상 반복적 또는 계속적으로 사용되는 도서관, 주차장, 공원, 박물관 및 미술관 등을 재정상태표에 주민편의시설로 표시한다.

② 국가는 무형자산의 상각대상금액을 내용연수동안 체계적으로 배부하기 위해 정액법 등 다양한 방법을 사용할 수 있다.

③ 국가는 압수품 및 몰수품이 화폐성자산일 경우 압류 또는 몰수 당시의 시장가격으로 평가한다.

④ 지방자치단체는 문화재, 예술작품, 역사적 문건 및 자연자원은 자산으로 인식하지 않고 필수보충정보의 관리책임자산으로 보고한다.

⑤ 지방자치단체의 장기투자증권은 매입가격에 부대비용을 더하고 이에 종목별로 총평균법을 적용하여 산정한 취득원가로 평가함을 원칙으로 한다.

해설

1.

① 국가는 관리전환이 무상거래일 경우에는 자산의 장부가액을 취득원가로 하고, 유상거래일 경우에는 자산의 공정가액을 취득원가로 한다. 지방자치단체는 회계 간의 재산 이관, 물품 소관의 전환으로 취득한 자산을 직전 회계실체의 장부가액으로 계상한다.

② 지방자치단체의 자산 분류 중 무형자산을 주민편의시설로 바꿔야 한다.

④ 지방자치단체의 부채 분류에는 충당부채가 없다.

⑤ 국가와 달리 지방자치단체는 일반유형자산과 사회기반시설을 재평가할 수 없다.

답 ③

2.

무형자산은 정액법에 따라 해당 자산을 사용할 수 있는 시점부터 합리적인 기간 동안 상각한다. 정액법이 아닌 다른 방법으로 상각할 수 없다.

답 ②

1. 원칙(=지자체): 만기상환가액 ★중요!

재정상태표에 표시하는 부채의 가액은 이 규칙에서 따로 정한 경우를 제외하고는 원칙적으로 만기상환가액으로 평가한다.

만기상환가액은 현재가치가 아닌 만기에 지불하는 원리금 자체를 의미한다. 오답으로 '현재가치', '상각후원가' 등이 제시된 적이 있다.

2. 채권 · 채무의 현재가치에 따른 평가

(1) 현재가치 평가 ★중요!

장기연불조건의 거래, 장기금전대차거래 또는 이와 유사한 거래에서 발생하는 채권 · 채무로서 명목가액과 현재가치의 차이가 중요한 경우에는 현재가치(not 명목가액)로 평가한다.

(2) 유효이자율 상각: 국채 유통수익률, 재정운영순원가

현재가치 가액은 해당 채권 · 채무로 미래에 받거나 지급할 총금액을 해당 거래의 유효이자율(유효이자율을 확인하기 어려운 경우에는 유사한 조건의 국채 유통수익률을 말한다)로 할인한 가액으로 한다. 현재가치할인차금은 유효이자율로 매 회계연도에 환입하거나 상각하여 재정운영결과에 반영한다.
  － 지자체에서도 지방채 유통수익률이 아닌 국채 유통수익률을 이용
  － 현할차 환입액은 재정운영결과에 반영(≒기업회계에서 유효이자율법에 따른 이자손익: 당기손익)

(3) 현재가치 평가의 예외

미수채권 중 장기미수국세, 대여금 중 전대차관대여금, 정부내예탁금은 현재가치로 평가하지 아니한다. (실현시점을 통제할 수 없기 때문 = 이연법인세자산)

3. 국채 및 지방채의 평가=기업회계의 사채

(1) 최초 평가: 발행금액–발행비용

(2) 액면가액과 발행가액의 차이: 할인(할증)발행차금 계상

(3) 할인(할증)발행차금 환입: 유효이자율 상각 시 이자비용에 가산(차감)

1. 「국가회계기준에 관한 규칙」에서 정하는 자산과 부채의 평가에 대한 다음 설명 중 <u>옳지 않은</u> 것은?   2019. CPA 수정

① 사회기반시설 중 관리·유지 노력에 따라 취득 당시의 용역 잠재력을 그대로 유지할 수 있는 시설에 대해서는 감가상각하지 아니하고 관리·유지에 투입되는 비용으로 감가상각비용을 대체할 수 있다. 다만, 효율적인 사회기반시설 관리시스템으로 사회기반시설의 용역 잠재력이 취득 당시와 같은 수준으로 유지된다는 것이 객관적으로 증명되는 경우로 한정한다.

② 재정상태표에 표시하는 부채의 가액은 「국가회계기준에 관한 규칙」에서 따로 정한 경우를 제외하고는 원칙적으로 만기상환가액으로 평가한다.

③ 투자증권은 매입가액에 부대비용을 더하고 종목별로 총평균법 등을 적용하여 산정한 가액을 취득원가로 한다.

④ 일반유형자산 및 사회기반시설의 내용연수를 연장시키거나 가치를 실질적으로 증가시키는 지출은 자산의 증가로 회계처리하고, 원상회복시키거나 능률유지를 위한 지출은 비용으로 회계처리한다.

⑤ 장기연불조건의 거래, 장기금전대차거래 또는 이와 유사한 거래에서 발생하는 채권·채무로서 명목가액과 현재가치의 차이가 중요한 경우에도 명목가액으로 평가한다.

2. 다음 중 「국가회계기준에 관한 규칙」과 「지방자치단체 회계기준에 관한 규칙」에서 정하는 자산·부채의 평가에 관한 설명으로 <u>옳지 않은</u> 것은?   2013. CPA 수정

① 자산의 가액은 해당 자산의 취득원가를 기초로 하여 계상한다. 다만, 교환 또는 기부채납 등으로 취득한 자산의 가액은 공정가액을 취득원가로 한다.

② 채무증권은 상각후취득원가로 평가하고, 지분증권은 취득원가로 평가한다. 다만, 재정상태표일 현재 신뢰성 있게 공정가액을 측정할 수 있으면 그 공정가액으로 평가하며, 장부가액과 공정가액의 차이금액은 재정운영결과에 반영한다.

③ 재정상태표상 일반유형자산과 사회기반시설, 주민편의시설 중 상각대상 자산에 대한 감가상각은 정액법을 원칙으로 한다.

④ 부채의 가액은 따로 정한 경우를 제외하고는 원칙적으로 만기상환가액으로 평가한다.

⑤ 장기연불조건의 거래, 장기금전대차거래 또는 이와 유사한 거래에서 발생하는 채권·채무로서 명목가액과 현재가치의 차이가 중요한 경우에는 이를 현재가치로 평가한다.

해설

1.
장기연불조건의 거래, 장기금전대차거래 또는 이와 유사한 거래에서 발생하는 채권·채무로서 명목가액과 현재가치의 차이가 중요한 경우에는 현재가치로 평가한다.

답 ⑤

2.
국가의 투자증권 평가 규정으로, 공정가액 평가손익을 재정운영결과가 아닌 순자산조정에 반영한다. 지자체는 유가증권의 공정가액 평가 규정이 없다.

답 ②

<table>
<thead>
<tr><th>1</th><th>여러 가지 충당부채의 평가</th></tr>
</thead>
</table>

1. 퇴직급여충당부채의 평가: 일시퇴직 가정, 공무원, (군인) 제외

	국가	지자체	기업회계
가정	일시퇴직 가정		보험수리적 가정
제외 대상	공무원, 군인 제외	공무원 제외	

ㅡ 국가회계는 지자체회계와 달리 퇴직급여충당부채 계산 시 군인도 제외한다.

(1) 국가: 군인도 제외

기타 충당부채 중 퇴직급여충당부채는 재정상태표일 현재 「공무원연금법」 및 「군인연금법」을 적용받지 아니하는 퇴직금 지급대상자가 일시에 퇴직할 경우 지급하여야 할 퇴직금으로 평가한다. 퇴직금산정명세, 퇴직금추계액, 회계연도 중 실제로 지급한 퇴직금 등은 주석으로 표시한다.

(2) 지자체

퇴직급여충당부채는 회계연도말 현재 「공무원연금법」을 적용받는 지방 공무원을 제외한 무기계약근로자 등이 일시에 퇴직할 경우 지자체가 지급하여야 할 퇴직금으로 평가한다. 퇴직금 지급규정, 퇴지금 산정내역, 회계연도 중 실제로 지급한 퇴직금 등은 주석으로 표시한다.

(3) 일시퇴직 가정(국가, 지자체) vs 보험수리적 가정(기업)

ㅡ 일시퇴직 가정: 현재 있는 근로자들이 전부 퇴직한다고 가정할 때 지급해야 하는 퇴직금
ㅡ 보험수리적 가정: 보험사에서 예상 근속연수 및 지급해야 할 퇴직금을 수리적 모형을 이용하여 산출한 퇴직금 예상액

2. 연금충당부채 및 퇴직수당충당부채의 평가: 보험수리적가정 반영 (↔퇴직급여충당부채)

(1) 연금추정지급액: 재정상태표일 현재의 연금가입자에게 근무에 대한 대가로서 장래 예상퇴직시점에 지급하여야 할 금액으로서 보험수리적가정을 반영하여 산정한 것을 말한다.

(2) 연금충당부채: PV(연금추정지급액)

연금충당부채는 연금추정지급액 중 재정상태표일 현재의 재직기간까지 귀속되는 금액을 현재가치로 산정하여 평가한다.

(3) 퇴직수당충당부채의 평가: 연금충당부채 규정 준용

연금충당부채→퇴직수당충당부채, 연금추정지급액→퇴직수당추정지급액, 연금비용→퇴직수당비용으로 봄

3. 융자보조원가충당금 및 보증충당부채의 평가

> 융자사업에서 발생한 대여금의 경우에는 융자금 원금과 추정 회수가능액의 현재가치와의 차액을 융자보조원가충당금으로 설정하여 평가한다.
> 보증충당부채는 보증약정 등에 따른 피보증인인 주채무자의 채무불이행에 따라 국가회계실체가 부담하게될 추정 순현금유출액의 현재가치로 평가한다.

(1) 융자보조원가충당금: 충당금 설정

융자사업은 쉽게 말해서 돈을 빌려주는 사업을 뜻한다. 융자보조원가충당금은 돈을 빌려주고 못받게되어 설정한 대손충당금 정도로 생각하자. 채권이 있을 때 원금과 회수가능액의 차이를 충당금으로 평가하므로 당연히 맞는 문장이다.

(2) 융자보조원가충당금, 보증충당부채: 현재가치 개념

융자보조원가충당금, 보증충당부채 모두 정의에 현재가치가 등장한다. 보증사업은 국가가 다른 채무자의 부채에 대해 보증을 해주는 사업을 의미한다. 주채무자가 돈을 못 갚을 경우 (채무불이행) 국가가 대신 갚아야 하므로 추정 순현금유출액의 현재가치로 부채를 평가한다. 융자든, 보증이든 현금흐름이 현재 발생하는 것이 아니라 미래에 발생하므로 당연히 현재가치 해야 한다고 기억하자.

4. 보험충당부채: 발생한 사고 미지급액+발생할 사고 지급예상액

보험충당부채는 재정상태표일 이전에 보험사고가 발생하였으나 미지급된 보험금 지급예상액과 재정상태표일 현재 보험사고가 발생하지는 않았으나 장래 발생할 보험사고를 대비하여 적립하는 지급예상액을 합산한 금액으로 평가한다.

5. 국가회계기준에서 규정한 사항 외에 세부 사항: 기재부 장관이 정한 바에 따라

위에서 규정한 사항 외에 연금충당부채 및 퇴직수당충당부채, 보증충당부채, 보험충당부채의 회계처리에 관한 세부 사항은 기획재정부장관이 정하는 바에 따른다.

2.부터 4.까지 충당부채 관련 규정은 전부 국가회계기준에 서술되어 있는 규정이다. 국가회계기준은 기재부 소관이므로 회계기준에서 서술하지 않은 바는 기재부 장관이 정한 바에 따른다.

2 충당부채, 우발부채, 우발자산 및 우발상황

1. 국가회계기준

(1) 충당부채: 재정상태표에 계상

충당부채는 지출시기 또는 지출금액이 불확실한 부채를 말한다. 충당부채는 경제적 효익이 있는 자원을 유출할 가능성이 매우 높은 경우에 재정상태표에 인식한다.

(2) 우발부채: 주석 공시

우발부채는 다음의 의무를 말하며, 자원의 유출 가능성이 희박하지 않는 한 주석에 공시한다.
① 과거의 사건으로 발생하였으나, 국가회계실체가 전적으로 통제할 수 없는 불확실한 미래 사건으로만 존재를 확인할 수 있는 잠재적 의무
② 과거의 사건으로 발생하였으나, 자원의 유출 가능성이 매우 높지 않거나, 신뢰성 있는 측정이 불가능한 현재의 의무

(3) 우발자산: 주석 공시

우발자산은 과거의 사건으로 발생하였으나 국가회계실체가 전적으로 통제할 수 없는 하나 이상의 불확실한 미래 사건으로만 존재를 확인할 수 있는 잠재적 자산을 말하며, 자원의 유입 가능성이 매우 높은 경우 주석에 공시한다.

 김수석의 **핵심록!** 불확실한 자산, 부채-기업회계와 정부회계의 비교

유출입가능성	기업회계		정부회계	
	부채	자산	부채	자산
매우 높다	부채(B/S)	자산(B/S)	충당부채(B/S)	우발자산(주석)
높다	충당부채(B/S)	우발자산(주석)	우발부채(주석)	X
높지 않다	우발부채(주석)	X		
아주 낮다	X		X	

기업회계와 정부회계 모두 보수주의에 따라 **자산의 인식 요건이 부채에 비해 더 까다로운 것은 일치**한다. 하지만 정부회계와 기업회계 간에 인식 요건에 다소 차이가 있다.

기업회계는 가능성이 '높은 경우' 부채는 충당부채로 재무상태표에 계상하지만, 자산은 우발자산으로 주석 공시한다.

정부회계는 가능성이 '매우 높은 경우' 부채는 충당부채로 재정상태표에 계상하지만, 자산은 우발자산으로 주석 공시한다.

2. 지방자치단체 회계기준-우발상황

우발상황은 미래에 어떤 사건이 발생하거나 발생하지 아니함으로 인하여 궁극적으로 확정될 손실 또는 이익으로서 발생여부가 불확실한 현재의 상태 또는 상황을 말한다. 지자체의 경우 재정상태표에 충당부채를 계상하지 않으며 우발상황을 다음과 같이 표시한다.

(1) 우발손실의 발생이 확실하고 그 손실금액을 합리적으로 추정할 수 있는 경우: 우발손실을 재무제표에 반영하고 그 내용을 주석으로 표시

(2) 우발손실의 발생이 확실하지 않거나, 우발손실의 발생은 확실하지만 그 손실금액을 합리적으로 추정할 수 없는 경우: 우발상황의 내용, 우발손실에 따른 재무적 영향을 주석으로 표시

(3) 우발이익의 발생이 확실하고 그 이익금액을 합리적으로 추정할 수 있는 경우: 우발상황의 내용을 주석으로 표시

김수석의 핵심 콕! 우발상황 주석 공시 상황 요약

〈손실〉	신뢰성 있는 추정 O	신뢰성 있는 추정 X
발생 확실 O	재무제표에 반영 & 주석 공시	주석 공시
발생 확실 X		주석 공시
〈이익〉	신뢰성 있는 추정 O	신뢰성 있는 추정 X
발생 확실 O	주석 공시	X
발생 확실 X		X

3 외화자산 및 외화부채의 평가 (기업=국가≒지자체)

		환율	환율변동손익
화폐성 항목 (= 지자체)		재정상태표일 환율	재정운영결과 (PL)
비화폐성 항목	역사적원가로 측정 (= 지자체)	취득일 환율	N/A (평가 X)
	공정가치로 측정	FV 평가일 환율	순자산조정 (OCI) or 재정운영결과 (PL)

(1) 화폐성 항목

화폐성 외화자산과 화폐성 외화부채는 재정상태표일 현재의 적절한 환율로 평가한다. 이에 따라 발생하는 환율변동효과는 외화평가손실 또는 외화평가이익의 과목으로 하여 재정운영결과에 반영한다.

(2) 비화폐성 항목

비화폐성 항목의 경우 평가 방법이 기업회계와 같다. 외화 금액을 고려하지 말고 원화 금액만 갖고 원래 회계처리 하듯이 하면 된다.
① 역사적원가로 측정하는 경우 (FV 평가 X): 자산, 부채를 인식한 당시의 환율로 평가

② 공정가액으로 측정하는 경우: 공정가액이 측정된 날의 환율로 평가
비화폐성 외화자산과 비화폐성 외화부채에서 발생한 손익을 순자산조정에 반영하는 경우에는 그

손익에 포함된 환율변동효과도 함께 반영하고, 재정운영결과에 반영하는 경우에는 그 손익에 포함된 환율변동효과도 해당 재정운영결과에 반영한다.

③ 지자체와 비교: 자산, 부채를 인식한 당시의 환율로 평가, FV 평가 X (= 역사적원가 측정)
지자체의 경우 국가와 달리 비화폐성 항목을 공정가액으로 측정하는 경우를 구분하지 않는다. 국가회계에서 비화폐성 항목을 역사적원가로 측정하는 경우와 똑같다.

4 리스 및 파생상품의 평가

1. 리스에 따른 자산과 부채의 평가(국가=지자체)

	정의	회계처리
금융리스	리스자산의 소유에 따른 위험과 효익이 실질적으로 리스이용자에게 이전되는 리스	리스료를 내재이자율로 할인한 가액과 리스자산의 공정가액 중 낮은 금액을 각각 리스자산과 리스부채로 계상하여 감가상각
운용리스	금융리스 외의 리스	리스료를 해당 회계연도의 비용으로 회계처리

2. 파생상품의 평가 (국가=기업, 지자체는 규정 없음)

(1) 평가: 공정가액

파생상품은 해당 계약에 따라 발생한 권리와 의무를 각각 자산 및 부채로 계상하여야 하며, 공정가액으로 평가한 금액을 재정상태표 가액으로 한다.

(2) 평가손익: 재정운영결과(PL), 예외: 순자산조정(OCI)

파생상품에서 발생한 평가손익은 발생한 시점에 재정운영결과에 반영한다. 다만, 미래예상거래의 현금흐름변동위험을 회피하는 계약에서 발생하는 평가손익은 순자산변동표의 조정항목 중 파생상품평가손익으로 표시한다. 지자체는 순자산조정이 없으므로 파생상품 평가 규정이 없다.

예제

1. 「국가회계기준에 관한 규칙」에 대한 다음 설명 중 <u>옳지 않은</u> 것은?　　2021. CPA 수정

① 사회기반시설을 취득한 후 재평가할 때에는 공정가액으로 계상하여야 한다. 다만, 해당 자산의 공정가액에 대한 합리적인 증거가 없는 경우 등에는 재평가일 기준으로 재생산 또는 재취득하는 경우에 필요한 가격에서 경과연수에 따른 감가상각누계액 및 감액손실누계액을 뺀 가액으로 재평가하여 계상할 수 있다.

② 비화폐성 외화부채에서 발생한 손익을 조정항목에 반영하는 경우 그 손익에 포함된 환율변동효과는 재정운영결과에 반영한다.

③ 융자보조원가충당금은 융자사업에서 발생한 융자금 원금과 추정 회수가능액의 현재가치와의 차액으로 평가한다.

④ 장기연불조건의 거래, 장기금전대차거래 또는 이와 유사한 거래에서 발생하는 채권·채무로서 명목가액과 현재가치의 차이가 중요한 경우에는 현재가치로 평가한다.

⑤ 금융리스는 리스료를 내재이자율로 할인한 가액과 리스자산의 공정가액 중 낮은 금액을 리스자산과 리스부채로 각각 계상한다.

2. 다음 중 「국가회계기준에 관한 규칙」과 「지방자치단체 회계기준에 관한 규칙」에 대한 설명으로 옳은 것은?　　2015. CPA 수정 **심화**

① 국가와 지방자치단체의 일반유형자산과 사회기반시설은 공정가액으로 재평가할 수 있다.

② 지방자치단체의 장기투자증권은 매입가격에 부대비용을 더하고 이에 종목별로 총평균법을 적용하여 산정한 취득원가로 평가함을 원칙으로 한다. 다만, 재정상태표일 현재 신뢰성 있게 공정가액을 측정할 수 있으면 그 공정가액으로 평가하며, 장부가액과 공정가액의 차이금액은 순자산조정에 반영한다.

③ 국가와 지방자치단체의 화폐성 외화자산과 화폐성 외화부채는 해당 자산을 취득하거나 해당 부채를 부담한 당시의 적절한 환율로 평가한 가액을 재정상태표 가액으로 한다.

④ 국가와 지방자치단체의 금융리스는 리스료를 내재이자율로 할인한 가액과 리스자산의 공정가액 중 낮은 금액을 리스자산과 리스부채로 각각 계상하여 감가상각한다.

⑤ 지방자치단체의 연금충당부채는 회계연도말 현재 「공무원연금법」을 적용받는 지방공무원 연금수급자 및 연금미수급자에게 미래에 지급할 연금지급액을 보험수리적 가정을 반영하여 추정한 것이다.

해설

1.

비화폐성 외화자산과 비화폐성 외화부채에서 발생한 손익을 순자산조정에 반영하는 경우에는 그 손익에 포함된 환율변동효과도 함께 반영하고, 재정운영결과에 반영하는 경우에는 그 손익에 포함된 환율변동효과도 해당 재정운영결과에 반영한다.

답 ②

2.

① 국가와 달리 지방자치단체는 일반유형자산과 사회기반시설을 공정가액으로 재평가할 수 없다.

② 지방자치단체의 장기투자증권은 매입가격에 부대비용을 더하고 이에 종목별로 총평균법을 적용하여 산정한 취득원가로 평가함을 원칙으로 한다. 투자증권의 공정가액 평가 규정은 국가회계기준이다. 지자체는 투자증권을 공정가액으로 평가할 수 없다.

③ 국가와 지방자치단체의 화폐성 외화자산과 화폐성 외화부채는 재정상태표일 현재의 적절한 환율로 평가한 가액을 재정상태표 가액으로 한다.

⑤ 연금충당부채는 충당부채에 해당한다. 지방자치단체는 충당부채를 인식하지 않으므로, 연금충당부채 또한 인식하지 않는다. 연금충당부채에 보험수리적 가정을 반영하는 것은 국가회계기준이다.

답 ④

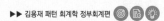
회계변경과 오류수정에 대한 규정은 기업회계와 내용이 동일하다. (국가 = 지자체 = 기업)

회계변경	추정변경	전진법
	정책변경	소급법
오류수정		

1. 회계변경

(1) 정책변경: 소급법

회계정책의 변경에 따른 영향은 비교표시되는 직전 회계연도의 순자산 기초금액 및 기타 대응금액을 새로운 회계정책이 처음부터 적용된 것처럼 조정한다. 다만, 회계정책의 변경에 따른 누적효과를 합리적으로 추정하기 어려운 경우에는 회계정책의 변경에 따른 영향을 해당 회계연도와 그 회계연도 후의 기간에 반영할 수 있다.

(2) 추정변경: 전진법

회계추정의 변경에 따른 영향은 해당 회계연도 이후의 기간에 미치는 것으로 한다.

2. 오류수정: 소급법, 중요하지 않은 경우 전진법

(1) 중대한 오류

오류가 발생한 회계연도 재정상태표의 순자산에 반영하고, 관련된 계정잔액을 수정한다. 이 경우 비교재무제표를 작성할 때에는 중대한 오류의 영향을 받는 회계기간의 재무제표 항목을 다시 작성한다.

(2) 중대한 오류 외의 오류

해당 회계연도의 재정운영표에 반영한다.

예제

1. 다음 설명 중 「지방자치단체 회계기준에 관한 규칙」에서 정하는 재무제표에 대한 설명으로 옳은 것은? 2012. CPA 수정

① 지방자치단체가 국가로부터 이전받은 수익은 순자산변동표에 순자산의 증가 항목에 포함된다.

② 회계추정의 변경에 따른 영향은 해당 회계연도 후의 기간에 미치는 것으로 한다.

③ 재정상태표의 순자산의 분류 중 고정순자산은 적립성기금의 원금과 같이 그 사용목적이 특정되어 있는 재원과 관련된 순자산을 말한다.

④ 자산은 회계실체가 사업의 목표를 달성하고 성과를 창출하기 위해 직·간접적으로 투입한 경제적 자원의 가치이다.

⑤ 사업을 수행하기 위하여 투입한 원가에서 다른 사업에 배부한 원가를 뺀 것이 사업순원가이다.

2. 「지방자치단체 회계기준에 관한 규칙」에 대한 다음 설명 중 옳지 않은 것은? 2020. CPA

① 장기연불조건의 매매거래, 장기금전대차거래 또는 이와 유사한 거래에서 발생하는 채권·채무로서 명목가액과 현재가치의 차이가 중요한 경우에는 이를 현재가치로 평가한다. 현재가치는 당해 채권·채무로 인하여 받거나 지급할 총금액을 유효이자율로 할인한 가액으로 하는데 당해 거래의 유효이자율을 확인하기 어려운 경우에는 유사한 조건의 지방채수익률을 적용한다.

② 회계정책의 변경에 따른 영향은 비교표시되는 직전 회계연도의 기초순자산 및 그밖의 대응금액을 새로운 회계정책이 처음부터 적용된 것처럼 조정한다. 다만, 회계정책의 변경에 따른 누적효과를 합리적으로 추정하기 어려운 경우에는 회계정책의 변경에 따른 영향을 해당 회계연도와 그 회계연도 후의 기간에 반영할 수 있다.

③ 사회기반시설은 초기에 대규모 투자가 필요하고 파급효과가 장기간에 걸쳐 나타나는 지역사회의 기반적인 자산으로서 도로, 도시철도, 상수도시설, 수질정화시설, 하천부속시설 등을 말한다.

④ 재고자산은 구입가액에 부대비용을 더하고 이에 선입선출법을 적용하여 산정한 가액을 취득원가로 한다. 다만, 실물흐름과 원가산정방법 등에 비추어 다른 방법을 적용하는 것이 보다 합리적이라고 인정되는 경우에는 개별법, 이동평균법 등을 적용하고 그 내용을 주석으로 공시한다.

⑤ 수익은 자산의 증가 또는 부채의 감소를 초래하는 회계연도 동안의 거래로 생긴 순자산의 증가를 말한다. 다만, 회계 간의 재산 이관, 물품 소관의 전환, 기부채납 등으로 생긴 순자산의 증가는 수익에 포함하지 않는다.

1.

① 지방자치단체가 국가로부터 이전받은 수익은 재정운영표에 일반수익(정부간이전수익)에 포함된다.

③ 재정상태의 순자산의 분류 중 특정순자산은 적립성기금의 원금과 같이 그 사용목적이 특정되어 있는 재원과 관련된 순자산을 말한다.

④ 원가는 회계실체가 사업의 목표를 달성하고 성과를 창출하기 위해 직·간접적으로 투입한 경제적 자원의 가치이다. 자산은 과거의 거래나 사건의 결과로 현재 회계실체가 소유(실질적으로 소유하는 경우를 포함한다) 또는 통제하고 있는 자원으로서 미래에 공공서비스를 제공할 수 있거나 직접적 또는 간접적으로 경제적 효익을 창출하거나 창출에 기여할 가능성이 매우 높은 자원을 말한다.

⑤ 사업을 수행하기 위하여 투입한 원가에서 다른 사업으로부터 배부받은 원가를 더하고, 다른 사업에 배부한 원가를 뺀 것에서 사업의 수행과정에서 발생하거나 사업과 관련하여 국가·지방자치단체 등으로부터 얻은 수익(사업수익)을 뺀 것이 사업순원가이다.

 ②

2.

현재가치 가액은 해당 채권·채무로 미래에 받거나 지급할 총금액을 해당 거래의 유효이자율(유효이자율을 확인하기 어려운 경우에는 유사한 조건의 국채 유통수익률을 말한다)로 할인한 가액으로 한다.

 ①

패턴 13 현금흐름표 및 재무제표 부속서류

▶▶ 김용재 패턴 회계학 정부회계편

---

1 현금흐름표

1. 정의

현금흐름표는 회계연도 동안의 현금의 유입 및 유출내역을 나타내는 재무제표를 말한다. 국가회계와 지자체회계 모두 재무제표에 현금흐름표가 포함된다.

2. 현금흐름의 구분

국가	지자체
운영활동	**경상**활동
투자활동	투자활동
재무활동	재무활동

기업회계의 영업활동을 국가회계에서는 운영활동, 지자체회계에서는 경상활동이라고 부른다. 정부회계에서 '영업활동 현금흐름'이 등장하면 틀린 문장이니 주의하자.

3. 현금흐름의 활동별 정의: 기업회계와 동일

운영활동	국가의 재정활동 중 투자활동과 재무활동에 속하지 않는 활동
경상활동	지방자치단체의 행정서비스와 관련된 활동으로서 투자활동과 재무활동에 속하지 아니하는 거래
투자활동	자금의 융자와 회수, 투자증권과 유·무형자산의 취득 및 처분 등의 활동
재무활동	자금의 차입과 상환, 국채의 발행과 상환 등 부채와 순자산에 영향을 미치는

4. 현금흐름표의 작성기준

(1) 현금흐름표의 형태: 기초 현금+순현금흐름=기말 현금

현금흐름표는 회계연도 중의 순현금흐름에 회계연도 초의 현금을 더하여 회계연도 말 현재의 현금을 산출하는 형식으로 표시한다.

(2) 운영활동: 직접법이 원칙 (국가)

운영활동의 경우에는 현금의 유입은 원천별(국세수입, 사회보험수입, 부담금·제재금수익, 이자수입)로, 현금의 유출은 용도별(보조금지급, 출연금지급, 지방교부금지급, 인건비지급, 이자지급)로 각각 분류하는 직접법 작성을 원칙으로 한다.

(3) 총액 및 순액 표시

① 국가: 운영활동은 총액 표시 원칙

운영활동으로 인한 현금흐름은 운영활동으로 인한 현금유입과 현금유출로 구분하여 총액으로 각각 표시한다.

② 지자체: 원칙은 총액, 예외적으로 순액 표시 가능

현금의 유입과 유출은 회계연도 중의 증가나 감소를 상계하지 아니하고 각각 총액으로 적는다. 다만, 거래가 잦아 총금액이 크고 단기간에 만기가 도래하는 경우에는 순증감액으로 적을 수 있다.

(4) 현금흐름이 없는 중요한 거래: 주석 공시 (지자체)

현물출자로 인한 유형자산 등의 취득, 유형자산의 교환 등 현금의 유입과 유출이 없는 거래 중 중요한 거래에 대하여는 주석(註釋)으로 공시한다.

2	재무제표의 부속서류

재무제표의 부속서류로는 필수보충정보와 부속명세서가 있다.

1. 필수보충정보 (지자체에만 존재)

필수보충정보는 재무제표에는 표시하지 아니하였으나, 재무제표의 내용을 보완하고 이해를 돕기 위하여 필수적으로 제공되어야 하는 정보를 말한다. 25년 국가회계기준 개정을 통해 국가회계에서는 필수보충정보가 삭제되었다.

지자체회계
1. 관리책임자산
2. 지방자치단체의 **성질별** 재정운영표
ㅡ 일반회계의 재정운영표
ㅡ 개별 회계실체의 재정운영표
3. 예산결산요약표
4. 예산회계와 기업회계의 차이에 대한 명세서

(1) 관리책임자산

재정상태표에서 국가의 유산자산 및 지자체의 관리책임자산에 대해 배운 바 있다. 이들은 신뢰성 있는 측정이 불가능하므로 재정상태표에 자산으로 인식하지 아니하고 유산자산은 주석으로, 관리책임자산은 필수보충정보로 공시한다.

(2) 성질별 재정운영표

	기업회계	국가회계	지자체회계
재정운영표	둘 중 선택	둘 다 적용	기능별 분류
성격(성질)별 분류 표시	기능별 분류 시 주석 공시	재정운영표	필수보충정보

재정운영표에서 기능별 분류와 성질별 분류에 대해 배운 바 있다. 기업회계는 기능별 분류와 성격별 분류 가운데 선택할 수 있으며, 기능별 분류 시에만 성격별 정보를 주석에 공시한다.
국가회계의 재정운영표는 프로그램별(≒기능별) 재정운영표와 성질별 재정운영표로 구분하여 작성한다. 반면, 지자체회계의 재정운영표는 기능별로 작성하고, 성질별 재정운영표는 주석이 아닌 필수보충정보에 보고한다.

2. 부속명세서: 내용 없음!

부속명세서는 재무제표에 표시된 회계과목에 대한 세부 명세를 명시할 필요가 있을 때에 추가적인 정보를 제공하기 위한 것을 말한다. 부속명세서의 종류, 작성기준 및 서식은 기획재정부장관이 정하는 바에 따른다.

예제

1. 다음 중 「국가회계기준에 관한 규칙」과 「지방자치단체 회계기준에 관한 규칙」에서 정하는 자산·부채의 평가에 관한 설명으로 <u>옳지 않은</u> 것은?　　　2012. CPA

① 현재 세대와 미래 세대를 위하여 정부가 영구히 보전하여야 할 자산으로서 역사적, 문화적, 교육적 및 예술적으로 중요한 가치를 갖는 자산은 무형자산으로 인식하되, 상각대상에서 제외할 수 있다.

② 다른 국가회계실체로부터 무상으로 취득한 관리전환의 경우 취득원가는 해당 자산을 이전한 국가회계실체의 장부가액으로 한다.

③ 국가의 도로는 관리·유지 노력에 따라 취득 당시의 용역 잠재력을 그대로 유지할 수 있는 경우 감가상각 대상에서 제외할 수 있다.

④ 지방자치단체의 재정상태표상 자산은 해당 자산의 취득원가를 기초로 계상함을 원칙으로 한다.

⑤ 지방자치단체의 주민편의시설은 당해 자산의 건설원가나 매입가액에 부대비용을 가산한 취득원가로 평가하며 취득 이후 공정가액에 의한 재평가는 허용되지 않는다.

2. 다음 중 「국가회계기준에 관한 규칙」에 대한 설명으로 옳은 것은? 2016. CPA 수정

① 「국고금관리법 시행령」에 따른 출납정리기한 중에 발생하는 거래는 다음 회계연도에 발생한 거래로 보아 회계처리한다.

② 운영활동의 경우에는 현금의 유입은 용도별로, 현금의 유출은 원천별로 각각 분류하는 직접법으로 작성하는 것을 원칙으로 한다.

③ 부담금수익, 기부금수익, 무상이전수입은 청구권 등이 확정된 때에 그 확정된 금액을 수익으로 인식한다.

④ 투자증권은 매입가액에 부대비용을 더하고 종목별로 총평균법 등을 적용하여 산정한 가액을 취득원가로 한다. 채무증권은 취득원가로 평가하고, 지분증권은 상각후취득원가로 평가한다.

⑤ 필수보충정보는 재무제표에는 표시하지 아니하였으나, 재무제표의 내용을 보완하고 이해를 돕기 위하여 필수적으로 제공되어야 하는 정보를 말하며 수익·비용 성질별 재정운영표는 필수보충정보로 제공되어야 한다.

⏱ 해설

1.
현재 세대와 미래 세대를 위하여 정부가 영구히 보전하여야 할 자산으로서 역사적, 문화적, 교육적 및 예술적으로 중요한 가치를 갖는 자산은 유산자산 또는 관리책임자산으로 보고하며, 모두 자산으로 인식하지 않고 필수보충정보 또는 주석에 공시한다.

답 ①

2.
① 「국고금관리법 시행령」에 따른 출납정리기한 중에 발생하는 거래는 해당 회계연도에 발생한 거래로 보아 회계처리한다.
② 운영활동의 경우에는 현금의 유입은 원천별로, 현금의 유출은 용도별로 각각 분류하는 직접법으로 작성하는 것을 원칙으로 한다.
③ 부담금수익, 기부금수익, 무상이전수입은 비교환수익이므로, 청구권 등이 확정된 때에 그 확정된 금액을 수익으로 인식한다. (O)
④ 채무증권은 상각후취득원가로 평가하고, 지분증권은 취득원가로 평가한다.
⑤ 국가회계는 필수보충정보가 없다. 성질별 재정운영표는 재무제표 본문에 표시된다.

답 ③

1 정부회계기준의 체계

	국가회계	지자체회계
법적 근거	① 국가재정법 ② 국가회계법	① 지방재정법 ② 지방회계법
회계기준	국가회계기준에 관한 규칙	지방자치단체회계기준에 관한 규칙
회계기준의 하부구조	국가회계예규	① 행정안전부장관 고시 기준 ② 지방자치단체회계 지침서
관련 부처	기획재정부	행정안전부

1. 국가회계 관련 법령

(1) 국가재정법

국가재정법은 국가의 예산·기금·결산·성과관리 및 국가채무 등 재정에 관한 사항을 정함으로써 효율적이고 성과 지향적이며 투명한 재정운용과 건전재정의 기틀을 확립하는 것을 목적으로 한다.

(2) 국가회계법: 국가회계기준의 근거 법령

① 타 법률에 우선하여 적용

국가회계법은 일반회계·특별회계 및 기금의 회계와 결산에 관하여 다른 법률에 우선하여 적용한다.

② 회계연도: 1.1~12.31

③ 국가회계기준의 근거

국가의 재정활동에서 발생하는 경제적 거래 등을 발생 사실에 따라 복식부기 방식으로 회계처리하는 데에 필요한 기준(국가회계기준)은 기획재정부령으로 정한다.

④ 중앙관서의 장은 국가회계 사무에 관한 법령을 제정, 개정 또는 폐지하려는 때에는 기획재정부 장관 및 감사원과 협의하여야 한다.

(3) 국가회계기준에 관한 규칙

① 제정: 국가회계법 — 기재부

이 규칙은 「국가회계법」 제11조에 따라 국가의 재정활동에서 발생하는 경제적 거래 등을 발생 사실에 따라 복식부기 방식으로 회계처리하는 데에 필요한 기준을 정함을 목적으로 한다.

② 적용범위: 기재부 장관, GAAP

　i 〉 규칙의 해석과 실무회계처리에 관한 사항은 기획재정부장관이 정하는 바에 따른다.

　ii 〉 규칙에서 정하는 것 외에 대해서는 일반적으로 인정되는 회계원칙과 일반적으로 공정하고 타당하다고 인정되는 회계관습에 따른다.

2. 지자체회계 관련 법령

(1) 지방재정법

지방재정법은 지방자치단체의 재정에 관한 기본원칙을 정함으로써 지방재정의 건전하고 투명한 운용과 자율성을 보장함을 목적으로 한다.

(2) 지방회계법: 지방자치단체회계기준의 근거 법령

－ 소관 부서(기재부 vs 행안부)를 제외하고는 국가회계와 똑같음

① 타 법률에 우선하여 적용

지방자치단체의 일반회계·특별회계, 기금의 회계 및 결산에 관하여는 다른 법률에 특별한 규정이 있는 경우를 제외하고는 지방회계법에서 정하는 바에 따른다.

② 회계연도: 1.1~12.31

③ 지방자치단체회계기준의 근거

지방재정활동에 따라 발생하는 경제적 거래 등은 발생사실에 따라 복식부기 회계원리를 기초로 하여 명백하게 처리되어야 하며 지방회계기준 행정안전부령으로 정하되, 지방재정의 상태와 운용 내용을 객관적이고 통일적이며 명백하게 나타낼 수 있도록 하여야 한다.

(3) 지방자치단체회계기준에 관한 규칙

① 목적

이 규칙은 지방자치단체의 회계처리 및 재무제표 보고의 통일성과 객관성을 확보함으로써 정보이용자에게 유용한 정보를 제공하고, 지방자치단체의 재정 투명성과 공공 책임성을 제고함을 목적으로 한다.

② 적용범위: 행안부 장관, GAAP

　i 〉 실무회계처리에 관한 구체적인 사항은 행정안전부장관이 정한다.

　ii 〉 이 규칙으로 정하는 것과 행정안전부장관이 정한 것 외의 사항에 대해서는 일반적으로 인정되는 회계원칙과 일반적으로 공정하며 타당하다고 인정되는 회계관습에 따른다.

2 결산보고서

1. 결산보고서 및 결산서의 구성

국가는 결산보고서라는 명칭을, 지자체는 결산서라는 명칭을 사용하지만, 그 구성은 같다.

결산보고서(국가회계)=결산서(지자체)
(1) 결산개요
(2) 세입세출결산
(3) 재무제표 (주석 포함)
(4) 성과보고서

(1) 결산개요: 결산의 내용을 요약하여 예산 및 기금의 집행 결과, 재정의 운영 내용과 재무상태를 분명하게 파악할 수 있도록 작성하여야 한다.

(2) 세입세출결산: 세입세출예산 또는 기금운용계획과 같은 구분에 따라 그 집행 결과를 종합하여 작성하여야 한다. 이 경우 구체적인 작성사항은 대통령령으로 정한다.

(3) 재무제표: 국가회계기준에 따라 작성하여야 한다. 이때 국가의 경우 국가채무관리보고서와 국가채권현재액보고서가 첨부되어야 하며, 지자체의 경우 성질별 재정운영보고서, 유형자산 명세서, 감가상각 명세서 등을 첨부해야 한다.

(4) 성과보고서: 「국가재정법」에 따른 성과계획서에서 정한 성과목표와 그에 대한 실적을 대비하여 작성하여야 한다.

2. 결산보고서 작성 (국가회계법)

(1) 중앙관서의 장: 회계연도마다 「국가회계법」에 따라 그 소관에 속하는 일반회계 · 특별회계 및 기금을 통합한 결산보고서(중앙관서결산보고서)를 작성하여야 한다.

(2) 중앙관서의 장이 관리하지 않는 기금: 회계연도마다 기금결산보고서를 작성하여 소관 중앙관서의 장에게 제출하여야 한다. 이 경우 대통령령으로 정하는 기준(5,000억 이상)에 해당하는 기금은 기금결산보고서에 회계법인의 감사보고서(not 검토보고서)를 첨부하여야 한다.

3. 결산보고서 결산절차 (국가재정법) 중요!

Deadline	From	To
2월 말	각 중앙관서의 장	기획재정부장관
4.10	기획재정부장관 (+ 대통령 승인)	감사원
5.20	감사원	기획재정부장관
5.31	정부	국회

(1) 각 중앙관서의 장은 회계연도마다 작성한 중앙관서 결산보고서(중앙관서결산보고서)를 다음 연도 2월 말일까지 기획재정부장관에게 제출하여야 한다. 추가로, 국회의 사무총장, 법원행정처장, 헌법재판소의 사무처장 및 중앙선거관리위원회의 사무총장은 회계연도마다 예비금사용명세서를 작성하여 다음 연도 2월 말일까지 기획재정부장관에게 제출하여야 한다.

(2) 기획재정부장관은 회계연도마다 중앙관서결산보고서를 통합하여 국가의 결산보고서(국가결산보고서)를 작성한 후 국무회의의 심의를 거쳐 대통령의 승인을 받아야 한다.

(3) 기획재정부장관은 회계연도마다 작성하여 대통령의 승인을 받은 국가결산보고서를 다음 연도 4월 10일까지 감사원에 제출하여야 한다.

(4) 감사원은 제출된 국가결산보고서를 검사하고 그 보고서를 다음 연도 5월 20일까지 기획재정부장관에게 송부하여야 한다.

(5) 정부는 감사원의 검사를 거친 국가결산보고서를 다음 연도 5월 31일까지 국회에 제출하여야 한다.

 결산보고서 제출 일정 암기법

> 2월말~4.10~5.20 전부 40일씩 차이 난다. 2월말과 마지막 5월말을 기억하고, 각각 40일씩 차이가 난다는 것을 기억하면 제출 일정을 쉽게 기억할 수 있다.

4. 성인지 결산서: 정부회계 문제에서 등장하면 무조건 맞는 문장!

국가재정법 규정	지방회계법 규정
정부는 여성과 남성이 동등하게 예산의 수혜를 받고 예산이 성차별을 개선하는 방향으로 집행되었는지를 평가하는 보고서(성인지 결산서)를 작성하여야 한다.	지방자치단체의 장은 여성과 남성이 동등하게 예산의 수혜를 받고 예산이 성차별을 개선하는 방향으로 집행되었는지를 평가하는 보고서(성인지 결산서)를 작성하여야 한다.
결산보고서의 부속서류에 해당	결산서의 첨부서류에 해당

성인지 결산서는 양성평등을 위한 보고서로써, '정부회계 문제에서 성인지 결산서가 등장하면 무조건 맞는 문장'이라는 것만 기억하고 넘어가면 된다. 출제자가 추가할 선지가 없을 때 끼워 넣는 문장이다.

예제

1. 다음 중 「국가재정법」과 「국가회계법」에서 정하는 결산에 대한 설명으로 옳지 않은 것은? 2016. CPA

① 중앙관서의 장은 회계연도마다 「국가회계법」에 따라 그 소관에 속하는 일반회계 · 특별회계 및 기금을 통합한 결산보고서(중앙관서결산보고서)를 작성하여야 한다.

② 기획재정부장관은 회계연도마다 중앙관서결산보고서를 통합하여 국가의 결산보고서(국가결산보고서)를 작성한 후 감사원의 심의를 거쳐 대통령의 승인을 받아야 한다.

③ 결산개요는 결산의 내용을 요약하여 예산 및 기금의 집행 결과, 재정의 운영 내용과 재무상태를 분명하게 파악할 수 있도록 작성하여야 하며, 성과보고서는 「국가재정법」에 따른 성과계획서에서 정한 성과목표와 그에 대한 실적을 대비하여 작성하여야 한다.

④ 정부는 여성과 남성이 동등하게 예산의 수혜를 받고 예산이 성차별을 개선하는 방향으로 집행되었는지를 평가하는 보고서(성인지 결산서)를 작성하여야 한다.

⑤ 각 중앙관서의 장은 「국가회계법」에서 정하는 바에 따라 회계연도마다 작성한 결산보고서(중앙관서결산보고서)를 다음 연도 2월 말일까지 기획재정부장관에게 제출하여야 한다.

2. 다음 중 국가회계 관련 법령에 대한 설명으로 옳은 것은? 2015. CPA **심화**

① 중앙관서의 장이 아닌 기금관리주체는 회계연도마다 기금에 관한 결산보고서를 작성하여 소관 중앙관서의 장과 기획재정부장관에게 제출하여야 한다. 이 경우 직전 회계연도의 기금운용규모가 5천억원 이상인 기금은 기금결산보고서에 「공인회계사법」 제23조에 따른 회계법인의 감사보고서를 첨부하여야 한다.

② 「국가회계기준에 관한 규칙」에 따르면 재무제표는 국가가 공공회계책임을 적절히 이행하였는지를 평가하기 위해 국가의 재정상태 및 그 변동과 재정운영결과에 관한 정보, 미래의 납세자가 과거에 제공된 서비스에 대한 부담을 지게 되는지에 대한 기간간 형평성에 관한 정보 그리고 예산과 그 밖의 관련 법규의 준수에 관한 정보를 제공해야 한다.

③ 「국가회계기준에 관한 규칙」은 국가의 재정활동에서 발생하는 경제적 거래 등을 발생 사실에 따라 복식부기 방식으로 회계처리하는 데에 필요한 기준으로 소관 중앙관서의 장이 감사원과 협의하여 제정한다.

④ 감사원은 「국가재정법」에 따라 제출된 국가결산보고서를 검사하고 그 보고서를 다음 연도 5월 20일까지 기획재정부장관에게 송부하여야 한다. 그리고 정부는 「국가재정법」에 따라 감사원의 검사를 거친 국가결산보고서를 다음 연도 5월 31일까지 국회에 제출하여야 한다.

⑤ 「국가회계법」상 결산보고서는 결산개요, 세입세출결산, 재무제표로 구성된다.

⏱ 해설

1.
기획재정부장관은 회계연도마다 작성하여 대통령의 승인을 받은 국가결산보고서를 다음 연도 4월 10일까지 감사원에 제출하여야 한다. 대통령의 승인과 감사원 제출의 순서가 뒤바뀌었다.

답 ②

2.
① 중앙관서의 장이 아닌 기금관리주체는 회계연도마다 기금에 관한 결산보고서를 작성하여 소관 중앙관서의 장에게 제출하여야 한다. 기재부장관에게는 제출하지 않는다.
② 국가는 기간간 형평성에 대한 정보를 제공하지 않는다.
③ 「국가회계기준에 관한 규칙」은 기재부령으로 정한다. 감사원과 협의하여 제정하는 것은 아니다.
⑤ 「국가회계법」상 결산보고서는 결산개요, 세입세출결산, 재무제표, 성과보고서로 구성된다.

답 ④

1 결산서

1. 결산서 작성

(1) 지방자치단체의 장은 회계연도마다 일반회계·특별회계 및 기금을 통합한 결산서를 작성하여 지방의 회가 선임한 검사위원에게 검사를 의뢰하여야 한다.

(2) 「지방회계법」에 따른 재무제표는 지방회계기준에 따라 작성하여야 하고, 「공인회계사법」에 따른 공인회계사의 **검토**(not 감사)의견을 첨부하여야 한다. **중요!**

 정부회계에서 회계사의 업무: 국가-감사 vs 지자체-검토

> 중앙관서의 장이 관리하지 않는 기금 중 대통령령으로 정하는 기준(5,000억 이상)에 해당하는 기금은 기금결산보고서에 회계법인의 감사보고서를 첨부하여 소관 중앙관서의 장에게 제출하여야 한다.
> 두 내용을 각각 정확히 기억하기는 어렵다. 국가는 규모가 크고 중요하니 감사를, 지자체는 상대적으로 규모가 작고 덜 중요하니 검토를 해야 한다고 기억하자.

2. 결산서 결산절차

Deadline	From	To
5.31	지방자치단체의 장 (+ 검사의견서)	지방의회
+ 5일	지방자치단체의 장	행정안전부장관

(1) 지방자치단체의 장은 결산서를 작성하고, 지방의회가 선임한 검사위원의 검사의견서를 첨부하여 다음 회계연도 **5월 31일**까지 **지방의회**에 제출하여야 한다. 제출받은 지방의회의 의장은 결산서와 검사의견서를 받은 경우 받은 날부터 7일 이내에 검사의견서와 검사위원의 성명을 지방의회의 인터넷 홈페이지에 10년 이상 공개해야 한다.

(2) 지방자치단체의 장은 지방의회에 결산 승인을 요청한 날로부터 **5일 이내**에 결산서를 **행정안전부장 관**에게 제출하여야 한다.

| 2 | 기타 규정 |

1. 출납정리기한 및 출납폐쇄기한 ★중요!

구분		정의	기한
(1) 출납정리기한	국가	출납 마감 기한	다음 회계연도 1월 20일
(2) 출납폐쇄기한	지자체		
(3) 출납사무완결기한	지자체	사무 업무 기한	다음 회계연도 2.10

출납정리기한이란, 특정 회계연도에 속하는 세입이나 세출의 출납에 관한 사무의 마감을 위한 정리 기한을 말한다. 지자체은 이를 출납폐쇄기한이라고 부르는데, 명칭은 다르지만 같은 의미로 보면 된다.

(1) 출납정리기한 (국가)

수입금의 수납과 경비 지출, 국고금 반납은 매 회계연도 말까지 해야 한다. 다만, 출납정리기한(다음 회계연도 1월 20일) 중 발생하는 거래는 해당 회계연도에 발생한 거래로 처리한다.

(2) 출납폐쇄기한 (지자체)

지방자치단체의 출납은 회계연도가 끝나는 날 폐쇄한다. 다만, 해당 회계연도의 예산에 포함된 경우로서 회계연도 내에 수입 또는 지출 처리하기가 곤란한 경우에는 다음 회계연도 1월 20일까지 수입 또는 지출 처리를 할 수 있다. 출납 폐쇄기한 내의 수납과 지출은 해당 회계연도의 거래로 처리한다.

(3) 출납사무 완결기한 (지자체)

해당 회계연도에 속하는 세입세출의 출납에 관한 사무는 다음 회계연도 2월 10일까지 마쳐야 한다.

(4) 재정상태표 보고일 이후 발생한 사건(≒보고기간 후 사건)

재정상태표 보고일 이후 발생한 사건은 재정상태표 보고일과 출납사무 완결기한(not 출납폐쇄기한) 사이에 발생한 사건으로서 재정상태표 보고일 현재 존재하였던 상황에 대한 추가적 증거를 제공하는 사건을 말한다.

2. 회계책임관

(1) 회계책임관의 임명

지방자치단체의 장은 그 소관에 속하는 회계업무를 총괄적으로 수행하도록 하기 위하여 회계책임관을 임명하여야 한다.

(2) 회계책임관의 업무

회계책임관은 다음 각 호의 업무를 수행한다.

> ① 회계관계공무원에 대한 지도 · 감독
> ② 내부통제 등 회계업무에 관한 사항
> ③ 회계 · 결산 및 분석에 관한 사항

3. 결산상 잉여금의 처리

지방자치단체는 회계연도마다 세입 · 세출 결산상 잉여금이 있을 때에는 다음 각 호의 어느 하나에 해당하는 금액을 뺀 잉여금을 그 잉여금이 생긴 회계연도의 다음 회계연도까지 세출예산에 관계없이 지방채의 원리금 상환에 사용할 수 있다.

> ① 다른 법률에 따라 용도가 정하여진 금액
> ② 「지방재정법」에 따른 이월금

> [!NOTE] 예제

1. 「지방회계법」에 대한 다음 설명 중 옳지 않은 것은?   2021. CPA

① 지방자치단체의 장은 회계연도마다 일반회계·특별회계 및 기금을 통합한 결산서를 작성하여 지방의회가 선임한 검사위원에게 검사를 의뢰하여야 한다.

② 지방자치단체의 출납은 회계연도가 끝나는 날 폐쇄한다. 다만, 해당 회계연도의 예산에 포함된 경우로서 법에 정해진 경우에는 다음 회계연도 2월 10일까지 수입 또는 지출 처리를 할 수 있다.

③ 지방자치단체의 장은 지방의회에 결산 승인을 요청한 날부터 5일 이내에 결산서를 행정안전부장관에게 제출하여야 한다.

④ 지방자치단체의 재무제표는 지방회계기준에 따라 작성하여야 하고, 「공인회계사법」에 따른 공인회계사의 검토의견을 첨부하여야 한다.

⑤ 지방자치단체는 회계연도마다 세입·세출 결산상 잉여금이 있을 때에는 일부 법으로 정해진 금액을 뺀 잉여금을 그 잉여금이 생긴 회계연도의 다음 회계연도까지 세출예산에 관계없이 지방채의 원리금 상환에 사용할 수 있다.

2. 「지방회계법」 및 「지방자치단체 회계기준에 관한 규칙」에 대한 다음 설명 중 <u>옳지 않은</u> 것은?

2019. CPA

① 미수세금은 합리적이고 객관적인 기준에 따라 평가하여 대손충당금을 설정하고 이를 미수세금 금액에서 차감하는 형식으로 표시한다.

② 「지방회계법」에 따른 재무제표는 지방회계기준에 따라 작성하여야 하고, 「공인회계사법」에 따른 공인회계사의 검토의견을 첨부하여야 한다.

③ 교환거래로 생긴 수익은 재화나 서비스 제공의 반대급부로 생긴 사용료, 수수료 등으로서 수익창출활동이 끝나고 그 금액을 합리적으로 측정할 수 있을 때에 인식한다.

④ 지방자치단체의 회계처리와 재무보고는 발생주의·복식부기 방식에 의하며, 예산회계와 재무회계의 차이에 대한 명세서는 주석으로 공시한다.

⑤ 지방자치단체의 장은 회계처리를 적정하게 하고, 공무원의 부정·비리를 예방하기 위하여 「지방회계법」에 따른 회계책임관으로 하여금 회계관계공무원의 회계처리에 관한 사항 등을 관리·감독하는 등 내부통제를 하여야 한다.

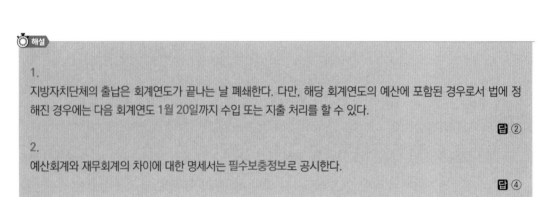

🔘 **해설**

1.
지방자치단체의 출납은 회계연도가 끝나는 날 폐쇄한다. 다만, 해당 회계연도의 예산에 포함된 경우로서 법에 정해진 경우에는 다음 회계연도 1월 20일까지 수입 또는 지출 처리를 할 수 있다.

답 ②

2.
예산회계와 재무회계의 차이에 대한 명세서는 필수보충정보로 공시한다.

답 ④